Linda Seward

QUILTS

Die schönsten klassischen Motive für alle Jahreszeiten

Illustrationen: Penny Brown

BLV Verlagsgesellschaft mbH
München Wien Zürich

80797 München

Titel der englischen Originalausgabe:
Quilts Around the Year
© 1994 Museum Quilts Publications
© Text: Linda Seward 1994
© Zeichnungen: Penny Brown 1994
© Fotos: Museum Quilts Publications 1994
Erschienen bei Museum Quilts Publications,
London / Großbritannien

Deutschsprachige Ausgabe:
© 1996 BLV Verlagsgesellschaft mbH, München

Übersetzung aus dem Englischen: Gabriele Graf
Lektorat: Inken Kloppenburg Verlags-Service,
München
Herstellung: Sylvia Hoffmann
Einbandgestaltung: Sander & Krause , München
Einbandfotos: Colin Mills
Satz und DTP: Studio Pachlhofer, Tirol

Printed in **Dubai** · ISBN 3-405-14948-7

Die Deutsche Bibliothek –
CIP-Einheitsaufnahme

Quilts : die schönsten klassischen Motive
für alle Jahreszeiten /
Linda Seward. Ill. Penny Brown.
[Übers. aus dem Engl.: Gabriele Graf]. –
München ; Wien; Zürich : BLV, 1996
  Einheitssacht.: Quilts around the year <dt.>
  ISBN 3-405-14948-7
NE: Seward, Linda; Brown, Penny;
Graf, Gabriele [Übers.]; EST

Zu den Maßangaben in diesem Buch

Die Umrechnung der angelsächsischen
inch-Maße führt zu auffallend »krummen«
cm-Angaben. Diese wurden bewußt
beibehalten, um beim Zusammensetzen
der Einzelteile das vorgegebene Gesamt-
maß zu erreichen. Auf- oder Abrundungen
könnten vor allem dazu führen, daß die
Schablonen und Quiltvorlagen auf den
Seiten 112-125 nicht mehr exakt passen.
Bei den cm-Maßen entstehen auch keine
Probleme, da – zum Beispiel bei 42,7 cm –
die Millimeter auf dem Maßband oder
Lineal leicht abzulesen sind. Achten Sie
auf korrektes Zuschneiden, dann werden
keine Komplikationen auftreten.

1 inch = 2,54 cm

Zur Erinnerung an meine Großmütter,
Mary Fett und Ellen Macho,
die mich das Nähen lehrten.
Mit Geduld und Stolz brachten sie ihrer kleinen Enkelin,
die nun selbst eine begeisterte Näherin geworden ist,
ihre außergewöhnlichen Fertigkeiten bei.
Ich wünschte, sie könnten heute hier sein.

Und für meine Mutter, Evelyn Rose Macho,
von der ich alles weitere lernte.

Ellen Macho, Evelyn Rose Macho und Mary Fett.
Dieses Foto wurde 1947 in Garfield, New Jersey, aufgenommen.

Frühling

Frühlingsstrauß

Art-Deko-Fächer

Liebesapfel

Sommer

Sonnenblumen

Sommerbeeren

Kaktuskorb

Herbst

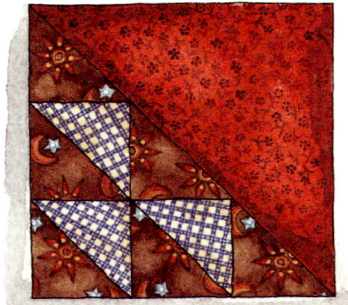

Vögel im Flug

Rosenkranz

Regenbogen-Schulhäuser

Winter

Tannenbaum

Irische Doppelkette

Eichenblatt und Spule

Inhalt

Einführung

Dieses Buch bietet eine bezaubernde Sammlung von großen Quilts und kleineren Quiltarbeiten, mit denen sich die jeweilige Jahreszeit einfangen läßt. Die zwölf außergewöhnlichen alten Quiltmuster sollen Sie anregen, Ihr Zuhause mit unterschiedlichen dekorativen Themen zu gestalten und so den Übergang vom Frühling zum Sommer, zum Herbst und zum Winter in Ihren eigenen vier Wänden widerzuspiegeln. Fertigen Sie Quilts mit jahreszeitlichen Motiven an, sie liefern einen plausiblen Grund, die verschiedenen Räume Ihres Zuhauses den Veränderungen in der Natur anzupassen. Frühlingsquilts sind hell, fröhlich und voller Blüten und Erwartungen. Sommerliche Quilts erfreuen durch Blumen- und Fruchtmotive. Der Herbst spiegelt sich in dem hübschen Quilt »Regenbogen-Schulhäuser«, der faszinierenden Patchworkdecke »Vögel im Flug« und einer zarten »Rosenkranz«-Applikation wider. Der Patchwork-Tannenbaum-Quilt erinnert an eine Winterlandschaft, während die Farben Rot, Grün und Weiß der interessanten »Irischen Doppelkette« die weihnachtliche Stimmung mit dem Duft von Holzfeuer und bunt verpackten Geschenken einfangen.

Jeder alte Quilt ist auf einem Farbfoto dargestellt. Der Einführungstext erzählt die Geschichte des jeweiligen Exponats. Die Abbildung eines Einzelblocks des Quilts erleichtert das Verständnis der nachfolgenden schrittweisen Arbeitsanleitungen.

Wer keinen vollständigen Quilt anfertigen mag, kann die einzelnen Muster auf ein kleines Werkstück übertragen. Nach Belieben können Sie aus den zwölf attraktiven kleineren Arbeitsbeispielen kompliziertere Stücke wie Wandbehang, Mitteldecke und Einkaufstasche oder aber schnelle und einfache Arbeiten wie Topflappen und Kissenbezug auswählen. Auf den Fotos der kleineren Arbeiten ist zu erkennen, wie die alten Muster auf neuen Stoffen zur Geltung kommen. Es besteht die Auswahl zwischen alt wirkenden Stücken wie der Mitteldecke oder dem Schoßquilt und modernen Varianten wie dem Babyquilt oder dem Topflappen.

Bei allen vorgestellten Arbeiten wird auf das Können abgestellt. Die Muster für *Anfänger* werden auch von unerfahrenen Quiltern ohne Schwierigkeiten gemeistert. Arbeiten für *Fortgeschrittene* erfordern ein gewisses Maß an Erfahrung, und Quilts für *Geübte* verlangen Geschick und Mut.

Jede Beschreibung geht von der Größe des einzelnen Blocks sowie des gesamten Quilts aus und enthält eine vollständige Liste der benötigten Materialien. Die Arbeitsschritte werden leicht verständlich erklärt und zusätzlich in farbigen Illustrationen dargestellt. Am Ende des Buches finden Sie Schablonen für alle Muster in Originalgröße sowie Quiltvorlagen. Das Kapitel über Quilttechniken versetzt auch unerfahrene Quilter in die Lage, die in diesem Buch beschriebenen Stücke nachzuarbeiten.

Die Anleitungen für die kleinen Arbeiten mit alten Quiltmustern gehen ebenfalls von der Größe des Einzelblocks (wo zutreffend) und des gesamten Gegenstands aus; sie enthalten eine vollständige Liste der benötigten Materialien sowie die Beschreibung der Arbeitsschritte. Da die Arbeitsbeispiele aus zusammengefügten Einzelelementen bestehen, reicht als Vorgabe die Skizze *eines* Elements aus. Nicht in der Anleitung beschriebene Techniken werden in zusätzlichen Skizzen dargestellt.

Aller Anfang ist schwer

Angenommen, Sie haben sich für einen bestimmten Quilt entschieden, dann lesen Sie die Anleitung und schauen die schrittweisen Abbildungen an. Dabei werden Sie feststellen, ob Ihr Können ausreicht, dieses Stück nachzuarbeiten. Es hat keinen Sinn, einen Quilt oder eine andere Arbeit in Angriff zu nehmen, wenn Sie das Stück nicht zu Ende bringen können. Solange Sie also unsicher sind, sollten Sie von dem geplanten Quilt für den Anfang lediglich einen Block herstellen und daraus einen Topflappen, Kissenbezug oder eine kleine Decke arbeiten. Zum Ausprobieren verwenden Sie am besten Stoffreste, um nicht unnötig Geld für Material auszugeben. Sobald Sie dann mit Ihrem Arbeitsergebnis zufrieden sind, können Sie sich an den gewünschten Quilt heranwagen.

Als nächstes entscheiden Sie, wie groß der Quilt werden soll. Die meisten Quilts in diesem Buch eignen sich für ein Doppelbett. Sie können aber die Größe verändern durch das Einsetzen von weniger oder mehr Blöcken sowie durch das Weglassen oder Ansetzen von Umrandungen und Einfassungen. Für eine andere Größe muß dann auch der Stoffbedarf neu berechnet werden.

Am wichtigsten ist die Wahl des Stoffes. Auf den folgenden Seiten erfahren Sie einiges über Stoffarten, deren Herstellung, über die Wahl von Farben und Mustern und wie unter Verwendung moderner Gewebe ein »altes« Erscheinungsbild entsteht.

Die Auswahl der Stoffe

Stoff, Gewebe, Textilie – diese Begriffe beschreiben das Material, welches die Inspirationsquelle für die Quilter auf der ganzen Welt ist. Stoffe sind der wichtigste Bestandteil bei der Herstellung von Quilts. Darüber hinaus sind Farbe und Struktur des Stoffes sowie Art und Größe des Musters von ausschlaggebender Bedeutung. Man kann wohl sagen, daß die meisten Quilter schon einmal von einem bestimmten Stoff inspiriert wurden, von einer faszinierenden Farbkombination oder von einem einfallsreichen Muster. Oft schon waren sie von einem Stoff spontan so begeistert, daß sie ihn einfach kaufen mußten. Vielen Quiltern ist diese Reaktion auf ein faszinierendes Material vertraut. Die Folge: Sie kaufen Stoffe in großen Mengen, damit sie ihnen nie ausgehen mögen, und verwenden sie für einen herrlichen Quilt oder einen Wandbehang. Diese Begeisterung für einen Stoff ist den Quiltern aller Altersgruppen und Länder eigen. Farbe und Stoff sprechen eine Sprache, die jeder versteht.

Die erfolgreiche Umsetzung eines Patchwork- oder Applikationsentwurfs hängt von der Wahl des Stoffes ab. Wer in einem Laden oder bei einer Quiltausstellung mit einer Vielzahl verschiedener Stoffe konfrontiert ist, braucht Anhaltspunkte, um für ein spezielles Stück das richtige Material zu wählen.

Die Stoffart

Zuerst muß man sich entscheiden, für welchen Zweck der Quilt verwendet werden soll. Bei einem Wandbehang sind einzig und allein ästhetische Kriterien ausschlaggebend. Soll aber der Quilt als Bettüberwurf dienen, muß er der dauernden Beanspruchung und regelmäßigen Wäsche standhalten; in diesem Fall ist es wichtig, daß alle Stoffe ein ähnliches Gewicht haben. Wird mit unterschiedlich schweren Materialien gearbeitet, ziehen die schwereren Stoffe die schwächeren Gewebe im Laufe der Zeit auseinander, dies geschieht vor allem an den Nähten. Am besten eignen sich deshalb mittelfest gewebte Stoffe; locker gewebte Stoffe sind wenig strapazierfähig, fest gewebte schwierig in der Verarbeitung. Sehr durchsichtige Gewebe und dehnbare Stoffe sind für das Quilten nicht geeignet; schwere Textilien bereiten beim Nähen und Quilten Probleme. Bei einem Bettüberwurf sollten die Waschempfehlungen der gewählten Materialien übereinstimmen – Seide und Baumwolle, an den Seiten zusammengenäht, machen bei der Pflege zwangsläufig Probleme.

Ein mittelschwerer Stoff aus hundert Prozent Baumwolle ist für Bettüberwürfe und andere Quiltarbeiten die sicherste Wahl. Dieses Material läßt sich gut waschen, ist strapazierfähig und kann sowohl von Hand als auch mit der Maschine verarbeitet werden. Da sich reine Baumwolle auch besser bügeln läßt als eine Polyester-Baumwoll-Mischung, können die Ecken genauer ausgearbeitet werden. Wenn man einen Sack mit Stoffresten über Jahre für einen besonderen Quilt gesammelt hat, sollte man die Stoffe aus Kunstfasern (Polyester) sowie alle Reste von Vorhängen und Polsterstoffen konsequent aussortieren. Sie eignen sich nicht für einen Quilt, der als Bettüberwurf Verwendung finden soll.

Die Stoffherstellung

Wer mit Stoffen arbeitet, sollte über die Funktion und Herstellung von Geweben informiert sein. Diese Kenntnisse sind Voraussetzung, um die Stücke für einen Quilt oder eine andere Quiltarbeit optimal zuzuschneiden.

Ein Stoff wird aus Fäden gewebt, die sich im rechten Winkel kreuzen. Der Kettfaden verläuft längs, der Schußfaden verläuft quer. Kreuzen sich diese Fäden genau im rechten Winkel, ist der Stoff fadengerade. Bei Abweichungen von diesem Winkelmaß liegt der Stoff schief und verliert an Stabilität. Ist ein Stoff nicht fadengerade, kann man ihn mit folgender Methode zurechtziehen: Zusammen mit einem Helfer hält man die vier Ecken des Stoffes fest und zieht diagonal von Ecke zu Ecke, zuerst in die eine Richtung, dann in die andere. Man bügelt das Gewebe sorgfältig und prüft die Kreuzungspunkte der Fäden. Verlaufen die Fäden noch nicht rechtwinklig, das heißt, ist der Stoff immer noch schief, ist zu überlegen, ob man das Gewebe wirklich verwenden will. Generell kann man sagen, daß kleine, nicht im Fadenlauf geschnittene Stücke keinen negativen Einfluß auf das fertige Produkt haben. Doch muß man bei Einfassungen, Umrandungen und größeren Stücken auf einen rechtwinkligen Fadenlauf achten. Die maschinell gearbeitete Kante eines Stoffes nennt man Webekante. Diese Teile müssen abgeschnitten werden, da sie enger gewebt sind als der Rest des Stoffes und damit bei der Wäsche auch unterschiedlich einlaufen. Auch wenn die Webekante nicht ausfransen kann, sollte man sie auf keinen Fall verarbeiten; sie schadet der Qualität des fertigen Stücks und kann nach dem ersten Waschen die gesamte mühevolle Handarbeit verderben.

Alte Stoffe aus der Zeit um 1840.
Freundlicherweise ausgeliehen von Betsey Telfort
(Rocky Mountain Quilts).

Der Kettfaden verläuft parallel zur Webekante; er ist wenig dehnbar und sehr kräftig. Kanten und Einfassungen eines Quilts sollten stabil sein. Aus diesem Grund ist es sinnvoll, die langen Seiten im Kettfadenverlauf zu arbeiten. Der Schußfaden verläuft rechtwinklig zur Webekante und ist etwas dehnbar. Normale Patchworkteile oder Applikationen kann man auch im Schußfadenverlauf zuschneiden. Doch sollte die längste Seite jedes Stücks parallel zum Kettfaden verlaufen. Ein Stoff hat seine maximale Dehnbarkeit, wenn er in einem 45-Grad-Winkel zur Webekante zugeschnitten wird. Gerundete oder wellenförmige Patchworkteile sollten immer so zugeschnitten werden, daß die Rundungen diagonal zum Stoff verlaufen. Auf diese Weise kann man die Teile noch in einem gewissen Rahmen zurechtziehen. Applikationsranken und Einfassungen, die Rundungen umgeben, werden schräg zugeschnitten, um eine gute Kontrolle zu ermöglichen. Auf den Seiten 108 und 109 wird dieses Verfahren ausführlich erklärt. Wenn man Dreiecke ausschneidet, ist eine Ecke gewöhnlich in der Diagonale zugeschnitten. Dies kann zu Problemen führen, wenn diese Ecke entlang der Außenseite des Blocks verläuft. Man sollte die Zusammensetzung des Patchworkblocks deshalb immer genau studieren, um die beste Art des Zuschnitts zu bestimmen.

Die Wahl der Farben

In diesem Buch werden Stoffe für Quilts und andere Arbeiten in Farben angegeben, um sie auf den Fotos leichter identifizieren zu können. Auf diese Weise ist der Leser in der Lage, die Handarbeit zu studieren und das verwendete Farbschema zu übernehmen oder abzuwandeln. Dabei sind die aufgeführten Farben keine strenge Vorgabe, die Farbwahl bleibt vielmehr ganz dem persönlichen Geschmack überlassen: Man kann die abgebildeten Farben genau beibehalten oder sich für eine völlig andere Farbzusammenstellung entscheiden. Wer eine eigene Farbkombination erarbeitet, sollte zuerst seine Lieblingsfarbe wählen und dieser die anderen Farbtöne unterordnen.

Bei den aus Stoffresten hergestellten Quilts wurde die *Wertigkeit der Farbe* einfach als *hell, mittel* und *dunkel* bezeichnet, denn es ist unmöglich, jedes Gewebe zu beschreiben. Unter Wertigkeit versteht man die Helligkeit oder Dunkelheit einer Farbe. Bei der Herstellung eines Quilts ist sie fast noch wichtiger als die Farbe selbst. Die Wertigkeit wird auch von den Farben der Umgebung beeinflußt. Dies ist zu beachten, wenn man mit einer begrenzten Anzahl von Farben arbeitet und möchte, daß dieselben Farben an verschiedenen Stellen im Patchwork eine unterschiedliche Wirkung erzielen. Bei der Suche nach Stoffen für Quilts sollte man deshalb ein möglichst großes Sortiment von hellen, mittleren und dunklen Wertigkeiten auswählen.

Gemusterte Stoffe

Die meisten traditionellen Patchwork- und Applikationsquilts werden aus gemusterten Stoffen hergestellt. Kleine Muster stellen eine hübsche Alternative zu einfarbigen Stoffen dar und geben dem Design eine unauffällige Struktur. Stoffe mit winzigen Pünktchen verleihen einem Quilt ein leichtes Funkeln, ohne die anderen Muster in den Hintergrund zu drängen.

Die meisten bedruckten Stoffe weisen ein mittelgroßes Muster auf. Hierbei sind alle Varianten von engen, kompakten bis zu großzügigen Formen vertreten. Derartig gemusterte Stoffe werden vermutlich von Quiltern am häufigsten gewählt. Doch reicht eine Vielzahl farblich abgestimmter Stoffe mit mittelgroßen Mustern noch nicht aus, um ein Meisterwerk gelingen zu lassen. Eindeutige Kontraste in Farbwertigkeit und Mustergröße sind unabdingbar.

Große Muster können überraschende und unerwartete Effekte erzielen. Wenn man die Patchworkteile unterschiedlichen Bereichen eines großen Musters entnimmt, vergrößert sich die »Palette« ganz von selbst, da der Eindruck entsteht, man habe mehr als nur einen Stoff verwendet.

Ein »altes« Erscheinungsbild schaffen

Die alten Quilts, die in diesem Buch abgebildet sind, bestehen aus Baumwollstoffen aus der Zeit, in der die Quilts gearbeitet wurden. Das Entstehungsdatum findet sich bei den großen Quilts jeweils auf der dem großen Foto gegenüberliegenden Seite. Da die meisten Quilter heute keine Möglichkeit haben, alte Stoffe zu verwenden, bleiben zwei Alternativen. Man kann Quilts aus modernen Stoffen herstellen und damit die Vielfalt und Beschaffenheit der heutigen Textilien präsentieren. Zukünftige Historiker können in diesen Quilts dann die Stoffe studieren, die in den 90er Jahren unseres Jahrhunderts verwendet wurden, so wie wir heute die Materialien historischer Handarbeiten untersuchen. Der Topflappen auf Seite 85 zeigt, wie hübsch ein altes Muster mit modernen Stoffen wirken kann.

Die folgenden Ratschläge sollen helfen, mit modernen Stoffen »alt« wirkende Quilts herzustellen:

Der Charme eines alten Quilts liegt zum Teil in seinem »alten« Aussehen – den verblichenen Farben und dem weichen, verwaschenen Stoff – begründet. Wenn man einen Quilt aus modernen Stoffen herstellt und eine antike Wirkung erzielen möchte, sollte man Stoffe mit cremefarbenem, beigem oder ekrüfarbenem Hintergrund oder Materialien in hellen, weichen Farben auswählen. Dann wäscht man den Stoff mehrmals und setzt einen Weichspüler zu, um Stärke und andere Stoffzusätze auszuspülen. Wer jedoch beim Zusammennähen oder Applizieren lieber mit einem festen Gewebe arbeitet, sollte den Stoff nur einmal vorwaschen, um die überschüssige Farbe zu entfernen (Anleitungen zur Vor-

wäsche finden sich auf Seite 104), und dann erst die Quilt-oberseite fertigstellen. Erst anschließend wird die Oberseite mehrmals gewaschen, bis sie weich ist. Doch darf man sich nicht über die zahllosen Fäden wundern, die bei dieser Methode plötzlich auf der Rückseite auftauchen!

Färben mit Tee ist sehr beliebt, um weiße Stoffe oder weiß-grundige Stoffdrucke »altern« zu lassen. Aber Tee enthält Gerbsäuren, die die Fasern schwächen und ihre Haltbarkeit beeinträchtigen. Die Teefärbemethode ist recht einfach. Sie funktioniert am besten bei reinen Baumwollstoffen. Zuerst sollte man ein Musterstück testen. Der Stoff wird eingeweicht, während man das Teebad zubereitet. Für das Teebad sechs Teebeutel in eine Kasserolle mit Wasser geben und zehn Minuten kochen. Die Teebeutel herausnehmen und den ausgewrungenen Stoff in den Tee legen. Eine halbe Tasse weißen Essig ins Wasser geben und weitere zehn Minu-ten kochen, um die Farbe zu fixieren. Den Stoff herausnehmen, gründlich spülen, trocknen und bügeln.

Man kann einen Stoff mit leuchtenden Farben auch in der Sonne ausbleichen lassen, bis die Farbe einen natürlichen Ton angenommen hat. Doch schwächt die Sonneneinstrahlung leider auch die Fasern des Gewebes und beeinträchtigt dadurch dessen Haltbarkeit. Freilich kann man mit kontrolliertem Bleichen recht einfach eine altertümliche Wirkung erzielen.

In den 20er und 30er Jahren unseres Jahrhunderts wurden viele hübsche Stoffe hergestellt. Die heutigen Quiltkenner haben es sich zur Aufgabe gemacht, solche Textilien zu finden, zu untersuchen und zu katalogisieren. Auch moderne Fabrikanten haben diese alten Muster wiederentdeckt und produzieren ähnliche Designs für uns moderne Quilter. Beim Betrachten der Stoffe auf diesen Seiten fällt auf, daß sich manche moderne Stoffe kaum von jenen unterscheiden, die vor hundert Jahren gewebt wurden. Verwendet man solche Reproduktionen, entsteht in jedem Fall ein Quilt mit altem Erscheinungsbild.

Auch karierte, gestreifte und andere geometrische Muster sollten nicht außer acht gelassen werden. Sie wurden früher häufig für Quilts verwendet und haben sich im Lauf der Jahre kaum verändert. Diese Stoffe machen Quilts interessanter, vor allem, wenn die Karos und Streifen nicht immer in der gleichen Richtung verlaufen oder nicht im Fadenlauf zugeschnitten sind.

Mit Hilfe der beschriebenen Tricks und Techniken gelingt vielleicht ein fröhlicher, volkstümlich wirkender Quilt wie aus Großmutters Zeiten.

Viele Fabrikanten bieten heutzutage eine große Auswahl »alt« wirkender Stoffe an.

Frühling

Frühlingsstrauß

Spring Bouquet

Dieser hübsche Applikationsquilt erinnert an einen sonnigen, von Blumenduft erfüllten Frühlingstag. Er wurde in den dreißiger Jahren dieses Jahrhunderts im amerikanischen Mittelwesten nach einem Muster in einer Zeitschrift hergestellt. Mit einer Ausnahme sind die einzelnen Blöcke identisch (dabei kann es sich um einen absichtlichen Fehler gehandelt haben). Die geschwungene Ranke in der Umrandung war vermutlich die Idee der Quilterin. Sie enthält Gestaltungselemente der Blöcke, doch fehlt die für das übrige Stück typische Regelmäßigkeit. Die einfarbigen Blöcke sind Ausdruck eines durchdachten Quiltdesigns.

Frühlingsstrauß
Für Geübte

Größe

Block: 31,7 x 31,7 cm; 12 Blöcke erforderlich
Fertiger Quilt: 213,3 x 258,4 cm

Material

- ◆ 10 m weißer Stoff (einschließlich Stoff für die Rückseite des Quilts sowie die separate Einfassung)
- ◆ 3 1/4 m hellblauer Stoff
- ◆ 2 3/8 m grüner Stoff (einschließlich Stoff für die Schrägstreifen)
- ◆ 1/2 m lavendelfarbener Stoff
- ◆ 1/4 m hellrosa Stoff
- ◆ 1/4 m mittelrosa Stoff
- ◆ Großer Rest dunkelrosa Stoff
- ◆ 3/8 m gelber Stoff
- ◆ Großer Rest gelb-oranger Stoff
- ◆ 3/8 m mittelblauer Stoff
- ◆ 214,6 x 259,7 cm Wattierung

Zuschneiden

Anmerkung: Alle Maße enthalten eine 6-mm-Nahtzugabe; die Schablonen sind ohne Nahtzugabe. Schablonen in Originalgröße siehe Seiten 112–113.
Quiltrückseite: 2 Stücke weißer Stoff, je 108 x 259,7 cm.
Hintergrundquadrate: 12 **O** Quadrate, je 33 x 33 cm, weißer Stoff; 6 **O** Quadrate, hellblauer Stoff.
Seitliche P Dreiecke: Aus dem hellblauen Stoff 2 Quadrate, je 48,2 x 48,2 cm, zuschneiden. Jedes Quadrat diagonal in 4 Viertel teilen, um so 8 **P** Dreiecke zu erhalten; davon ein Dreieck als Vorlage für 2 weitere Dreiecke verwenden, so daß sich insgesamt 10 ergeben.

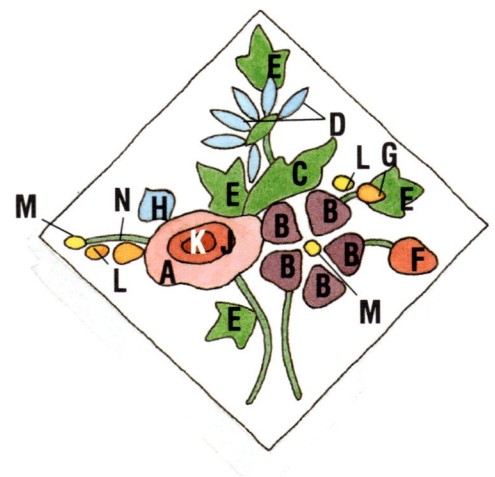

Q Dreiecke für die Ecken: Aus dem hellblauen Stoff 2 Quadrate, je 25 x 25 cm, zuschneiden. Die Quadrate diagonal halbieren, so daß 4 **Q** Dreiecke für die Ecken entstehen.
Umrandung: 2 **R** Streifen, je 26,6 x 137 cm, weißer Stoff; 2 **S** Streifen, je 26,6 x 233 cm, weißer Stoff; 2 **T** Streifen, je 14 x 188 cm, hellblauer Stoff; 2 **U** Streifen, je 14 x 259,7 cm, hellblauer Stoff.
Einfassung: Aus der gesamten Breite des weißen Stoffes 9 Streifen von je 4 cm Breite schneiden und so zusammennähen, daß ein Streifen von 10 1/2 m Länge entsteht.
Schrägstreifen für Ranke und Stengel: Aus dem grünen Stoff ein 111,7 x 111,7 cm und ein 40,6 x 40,6 cm großes Quadrat zuschneiden. Entsprechend der Anleitung für einen Schrägstreifen auf Seite 108 Streifen von 2,5 cm Breite zuschneiden und zusam-

mennähen, bis eine Länge von 17 1/2 m erreicht ist. 12 Streifen von 47 cm Länge für die Stengel der Applikationsblöcke abschneiden. Einen 10 m langen Streifen für die Ranke der Umrandung zuschneiden. Die übrigen schrägen Stengel entsprechend Arbeitsschritt 23 zuschneiden.
Blöcke: (Anzahl der Stücke für einen Einzelblock ist in Klammern angegeben.)

Muster-stück	Anzahl der Stücke	
A	(1)	12 hellrosa
B	(5)	60 lavendel
C	(1)	12 grün
D	(1)	12 grün
	(6)	72 mittelblau
E	(4)	48 grün
F	(1)	12 mittelrosa
G	(1)	12 gelb-orange
H	(1)	12 mittelblau
J	(1)	12 mittelrosa
K	(1)	12 dunkelrosa
L	(2)	24 gelb
M	(2)	24 gelb
N	(1)	12 gelb-orange

Umrandung:

B		60 lavendel
D		8 grün
		48 mittelblau
E		36 grün
F		8 mittelrosa
L		16 gelb
M		12 gelb

Applizieren eines Frühlingsstraußblocks

1 Die Vorlage in Originalgröße (Seite 112–113) abpausen; an den Stellen, an denen die Vorlage durch gestrichelte/gepünktelte Linien wegen des Buchrückens unterbrochen wird, besondere Sorgfalt walten lassen. Die Übertragungsvorlage als ungeteiltes Stück erstellen und zur Markierung auf dem weißen Hintergrund der **O** Quadrate verwenden.

2 Für jedes Stück eine gesonderte Schablone herstellen (siehe Seite 105). Mit Hilfe der Schablonen die Stücke für einen Block, wie in der Zuschneideanleitung angegeben, ausschneiden.

3 Mit einem Bleistift und der vollständigen Übertragungsvorlage aus Schritt 1 die wichtigsten Markierungslinien auf die

rechte Seite eines weißen **O** Quadrats übertragen: die Ränder der **A**, **B**, **C** und der grünen **D** Stücke markieren, wie abgebildet; die 6 Linien für die Position der Stengel nicht vergessen.

4 Die **A**, **B**, **C** und grünen **D** Applikationen auf die Markierungslinien des **O** Quadrats aus Schritt 3 legen; feststecken.

5 Aus dem vorbereiteten, 47 cm langen grünen Schrägstreifen 6 Stengel entsprechend den Maßen in der Tabelle oben rechts ausschneiden. Jede Maßangabe enthält eine 6-mm-Nahtzugabe. Die Stengel auf ihren Positionen im Hintergrundquadrat feststecken. Wo die Stengel die Applikation berühren, das Stengelende 6 mm unter die Applikation schieben. Das andere Ende des Stengels 6 mm umschlagen. Jeden Streifen vorsichtig mit dem Dampfbügeleisen aufbügeln, bis er den Konturen der

Markierungslinien auf dem Hintergrundquadrat folgt. Wenn der gewünschte Kurvenverlauf erreicht ist, die Stengel entlang der Mittellinie heften.

Stengel	Länge
1	8,2 cm
2	14,6 cm
3	13,3 cm
4	3,8 cm
5	2,5 cm
6	4,4 cm

6 Die blauen **D** Blütenblätter um die grüne **D** Applikation auflegen, wie abgebildet; feststecken. Die **E** Blätter auf dem Hintergrundquadrat ausrichten; eines, wie gezeigt, unter ein blaues **D** Blatt schieben. Die **F** Knospe über das Ende des Stengels legen. Die **G** Knospe über die Schnittstelle von **E** Blatt und Stengel legen. Das Ende des **H** Blütenblattes unter **A** schieben. Diese Stücke und die Stengel mit einem passenden Faden auf dem Hintergrundquadrat applizieren; Applikationsanleitung siehe Seiten 107–108. Alle Stecknadeln und Heftfäden entfernen.

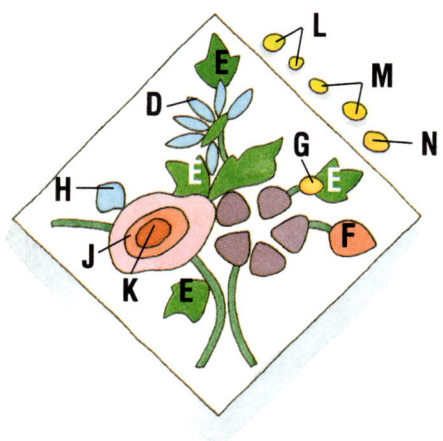

FRÜHLING

7 Die **J** und **K** Stücke auf **A** auflegen, wie in der Abbildung in Schritt 6 gezeigt. Applizieren.

8 Die verbleibenden **L**, **M** und **N** Stücke gemäß dem Blockplan auf Seite 16 auf dem Hintergrundquadrat anbringen. Jedes Stück mit einem passenden Faden applizieren.

9 Weitere 11 Frühlingsstraußblöcke herstellen.

Zusammennähen

10 Den **Quiltplan** befolgen und dabei auf einer großen, ebenen Fläche arbeiten. Die applizierten Blöcke Spitze an Spitze mit den blauen **O** Quadraten auslegen, so daß ein Schachbrettmuster entsteht.

11 Die **P** Dreiecke an den 4 Seiten und die **Q** Dreiecke an den vier Ecken des Quilts positionieren.

12 Die applizierten und die einfarbigen Blöcke in diagonalen Reihen zusammennähen; dabei am Ende jeder Reihe ein **P** oder **Q** Dreieck mitnähen.

13 Die diagonalen Reihen miteinander verbinden; mit den langen Mittelreihen beginnen und von innen nach außen vorgehen; die Nähte sorgfältig zusammenfügen. Die verbleibenden 2 **Q** Stücke annähen und so das Mittelstück der Quiltoberseite fertigstellen.

Applizierte Umrandung

14 Je eine **R** Umrandung am oberen und unteren Rand des fertigen Mittelstücks festnähen. An den Seiten die **S** Umrandungen anbringen.

15 Je eine **T** Umrandung am oberen und unteren Rand festnähen. An den Seiten die **U** Umrandung anbringen. Damit ist die Vorderseite des Quilts fertig.

16 Die Kanten der **T** und **U** Umrandungen unter Umständen mit Zickzackstichen versäubern, damit sie beim Applizieren nicht ausfransen.

17 Die Abbildungen von **Umrandung R** und **Umrandung S** sorgfältig studieren, um den Verlauf des Musters zu verstehen. Die Ranke bildet auf jeder Umrandung fünf Kurven; bei **R** verlaufen die Kurven tief, bei **S** flach. Die **R** und **S** Umrandungen mit zwei Stecknadeln gleichmäßig in drei Abschnitte unterteilen.

18 Den vorbereiteten grünen Schrägstreifen für die Ranke an der oberen linken Ecke des Quilts, wo das erste **E** Blatt positioniert wird, anlegen. Das Ende der Ranke feststecken; der Abbildung **Umrandung R** folgen und von links nach rechts auf der oberen Umrandung arbeiten; wie gezeigt, 5 Kurven bilden und die Kurven 2 und 4 auf die Stecknadelmarkierungen aus Schritt 17 ausrichten. Dieser Arbeitsschritt ist recht langwierig und erfordert geduldiges Arbeiten mit dem Dampfbügeleisen. Wenn die Ranke den gewünschten Verlauf nimmt, festheften.

Quiltplan

Umrandung R

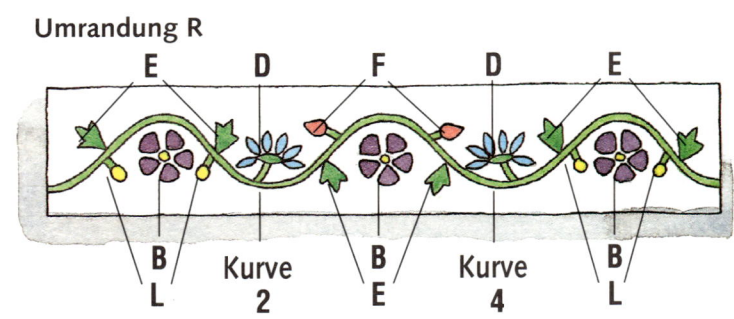

19 Wenn die obere rechte Ecke erreicht ist, die Ranke in einem sanften Bogen verlaufen lassen (siehe **Quiltplan**). Mit dem Dampfbügeleisen fixieren. In der gewünschten Position festheften.

20 Die Ranke laut **Quiltplan** und Abbildung **Umrandung S** entlang der rechten Seite des Quilts auflegen. 5 flache Kurven ausbilden und die Kurven 2 und 4 auf die Stecknadelmarkierungen aus Schritt 17 ausrichten. Mit dem Dampfbügeleisen fixieren und festheften.

21 Wenn die untere rechte Ecke erreicht ist, wie in Schritt 19 einen gleichmäßig sanften Bogen ausbilden. Mit dem Dampfbügeleisen fixieren und festheften.

22 Die Schritte 18–21 wiederholen, um die übrigen beiden Ranken aufzulegen und festzuheften. Wenn das Ende der Ranke auf den Anfang trifft, den überschüssigen Schrägstreifen zurückschneiden, jedoch eine 6 mm breite Nahtzugabe berücksichtigen. Die beiden Enden sollen sich überlappen; das unversäuberte Ende umschlagen und festheften.

23 Die Stengel gemäß der nachfolgenden Tabelle zuschneiden (eine 6-mm-Nahtzugabe ist eingeschlossen).

Stengel	Länge	Anzahl
D	5,7 cm	8
F	3 cm	8
L	2,5 cm	16

24 Die übrigen Musterstücke der Umrandung zum Applizieren vorbereiten. Die Applikationen und Stengel entlang der Ranke auflegen; dabei die Abbildungen für die Ranken genaue-

stens beachten. Die Stengelenden unter die Ranke schieben und das andere Ende jedes Stengels von der jeweiligen Applikation überlappen lassen. Feststecken oder heften. Alle Teile mit einem passenden Faden applizieren.

25 Für die Rückseite des Quilts die Längsseiten der zwei Stoffstücke zusammennähen. Die Nahtzugabe zu einer Seite umbügeln.

Abschließende Arbeiten

26 Den Quilt nach der Anleitung auf Seite 109 verbinden.

27 Die Außenlinien der applizierten Stücke in jedem Block quilten.

28 Die Quiltvorlagen in Originalgröße finden sich auf Seite 114. Die Viertelmuster zu einem vollständigen Muster für die einfarbigen Blöcke fertigstellen; eine Schablone anfertigen und vom Mittelpunkt aus auf die einzelnen blauen **O** Quadrate übertragen.

29 Eine Schablone für das Umrandungsmuster erstellen und auf die **T** und **U** Stücke übertragen. Den geometrischen Teil des Musters fortsetzen und so ausrichten, daß er zwischen die Blüten in den Ecken paßt. Ein Blütenblatt von jeder Blüte soll in die weiße Umrandung hineinragen, wie abgebildet. Zuletzt noch je 1 Blüte in die vier Ecken der weißen Umrandung in den Bogen der Ranke übertragen (siehe **Quiltplan**). Alle markierten Linien quilten.

30 Den Quilt mit dem weißen Einfaßstreifen versäubern; siehe Anleitung auf den Seiten 110–111.

Umrandung S

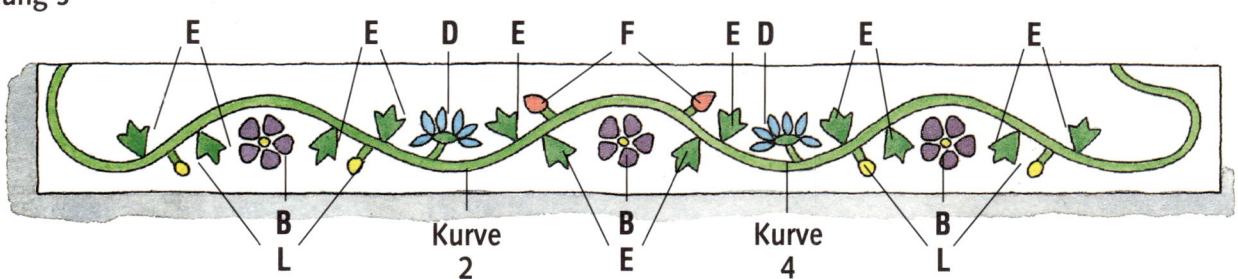

Art-Deko-Fächer

Art Deco Fans

Es ist kaum zu glauben, daß dieser Quilt während der amerikanischen Wirtschaftskrise entstand. Vielleicht bot er einen willkommenen Farbtupfen und erheiterte die betrübten Gemüter. Die sorgfältige Verteilung der roten Farbflecken vermittelt Bewegung und Vitalität, während die hellgelben und grünen Elemente den bevorstehenden Frühling (und damit bessere Zeiten) ankündigen wollen. Der Quilt enthält eine wundervolle Mischung von Stoffen, die in den dreißiger Jahren zur Verfügung standen. In ihrem Bemühen um leuchtende Farben verwendete die Quilterin sogar Kordsamt, um die gewünschte Wirkung zu erzielen.

Art-Deko-Fächer
Für Fortgeschrittene und Geübte

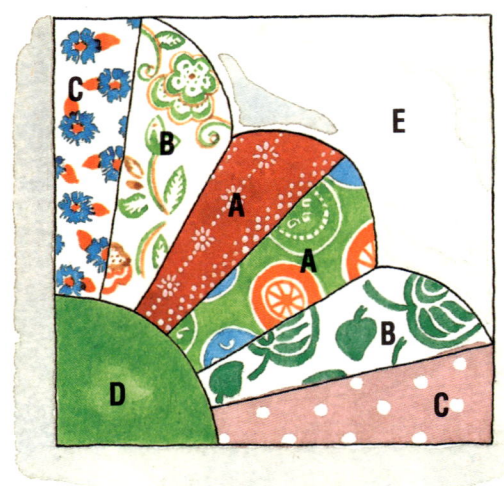

Größe

Block: 19 x 19 cm; 98 Blöcke erforderlich
Fertiger Quilt: 191,7 x 219 cm

Material

Anmerkung: Dieser Quilt besteht aus Resten. Die Quilterin verwendete für die Blöcke Stoffe, die ihr gerade in die Finger kamen, so daß kein Block dem anderen gleicht. Bei den nachfolgenden Stoffangaben wurde davon ausgegangen, daß für die **E** Stücke im Hintergrund (hell) und die **D** Fächerbasis (dunkel) die gleichen Stoffe, für die Fächerstücke **A**, **B** und **C** drei verschiedene Stoffe (mittel, mittelhell und hell) auf dem ganzen Quilt verwendet werden. Soll ein Quilt dem hier abgebildeten alten Stück ähnlich sein, braucht man für die Fächerteile ein Sammelsurium an Stoffresten und nur für die Fächerbasis immer das gleiche Material. Für einen Quilt aus Stoffresten bieten die nachstehenden Stoffmaße einen Anhaltspunkt für den Stoffverbrauch.

- 7 ½ m heller Stoff (einschließlich Stoff für die Quiltrückseite sowie separate Einfassungen)
- ³/₄ m dunkler Stoff
- 2 m mittlerer Stoff
- 2 m mittelheller Stoff
- 2 m heller Stoff
- ⁷/₈ m farblich passender Stoff für die Dreiecke am Rand
- 193 x 220,3 cm Wattierung

Zuschneiden

Anmerkung: Alle Maße enthalten eine 6-mm-Nahtzugabe; die Schablonen sind ohne Nahtzugabe. Schablonen in Originalgröße siehe Seite 123.
Quiltrückseite: 2 Stücke heller Stoff, je 97 x 220,3 cm.
Seitliche F Dreiecke: 6 Quadrate, je 30,4 x 30,4 cm, aus dem farblich passenden Stoff ausschneiden. Jedes Quadrat diagonal in vier Viertel teilen, so daß 24 Dreiecke entstehen; ein Dreieck als Muster für 2 weitere Dreiecke verwenden, so daß insgesamt 26 **F** Dreiecke vorhanden sind.

G Dreiecke für die Ecken: Aus dem farblich passenden Stoff 2 Quadrate von je 16 x 16 cm schneiden und diagonal halbieren, so daß 4 **G** Dreiecke für die Ecken entstehen.
Einfassung: Aus der gesamten Breite des hellen Stoffes 8 Streifen von je 4 cm Breite zuschneiden und so zusammennähen, daß eine Länge von 9 m erreicht wird.
Blöcke: (Anzahl der Stücke für einen Einzelblock ist in Klammern angegeben.)

Musterstück	Anzahl der Stücke	
A	(1)	98 mittel
A (U)	(1)	98 hell
B	(1)	98 mittelhell
B (U)	(1)	98 mittelhell
C	(1)	98 hell
C (U)	(1)	98 mittel
D	(1)	98 dunkel
E	(1)	98 hell

Zusammensetzen eines Fächerblocks

1 Jedes **A** mit einem umgekehrten **A [A(U)]** zusammennähen.

Schritt 1

2 **B** und **C** zusammennähen, dabei die oberen 6 mm (in der Abbildung durch Pünktchen dargestellt) offen lassen. Dann ein umgekehrtes **B** auf die gleiche Weise mit einem umgekehrten **C** zusammennähen.

Schritt 2

3 Den B Rand von jedem **B-C** Stück an **A-A** nähen.

4 **D** am unteren gebogenen Rand des Fächers annähen; die Anleitung für das Nähen von Rundungen siehe Seite 107.

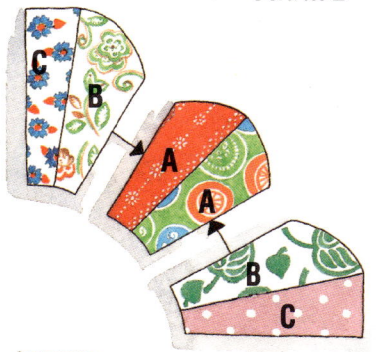

Schritt 3

5 Die Markierungslinien auf der **E** Schablone auf die rechte Seite des **E** Stücks übertragen. Den Fächer für die Applikation vorbereiten: den gebogenen Rand der **A** und **B** Stücke 6 mm auf die linke Seite falten und bügeln; die Nahtzugabe für **C** steht über die anderen Stücke hinaus. Den Fächer über **E** legen, dabei die Ränder des Fächers mit den Markierungslinien auf **E** zur Deckung bringen. Feststecken, dann applizieren.

Schritt 4

6 Weitere 97 Fächerblöcke herstellen.

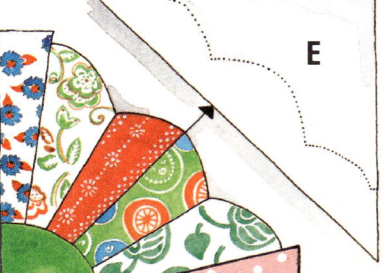

Schritt 5

Zusammennähen und abschließende Arbeiten

7 Den **Quiltplan** befolgen und die Patchworkblöcke Spitze an Spitze so auflegen, daß 15 horizontale Reihen entstehen; dabei zwischen 7 Blöcken in der einen und 6 Blöcken in der nachfolgenden Reihe abwechseln.

8 Die **F** Dreiecke an den Seiten des Quilts, die **G** Dreiecke an den vier Ecken anlegen.

9 Die Patchworkblöcke in diagonalen Reihen zusammennähen, dabei am Ende jeder Reihe ein **F** oder **G** Dreieck mitnähen.

10 Die diagonalen Reihen verbinden; mit den langen Mittelreihen beginnen und nach außen zu den Ecken arbeiten. Die verbleibenden zwei **G** Eckstücke festnähen und so die Vorderseite des Quilts fertigstellen.

11 Für die Quiltrückseite die Längsseiten der zwei Stoffstücke zusammennähen. Die Nahtzugabe auf eine Seite umbügeln.

12 Wie auf Seite 109 beschrieben, die Quiltteile verbinden.

13 Den Linien der Schablonen folgen und die Blöcke quilten.

14 Eine Schablone für das *Lilien*muster auf Seite 123 herstellen. Auf die **F** und **G** Randstücke übertragen; quilten.

15 Den Quilt mit dem Einfaßstreifen versäubern; siehe Anleitung auf den Seiten 110–111.

Quiltplan

Liebesapfel

Love Apple

Der hübsche, regelmäßige Eindruck der applizierten Motive wird durch die aufwendige Umrandung noch bereichert. Dies ist ein typisches Beispiel für die vielen schönen Quilts, die zu Ehren des »Liebesapfels« entstanden. Dieses Gewächs, das heute als Tomate bekannt ist, wurde früher von den Gärtnern sehr verehrt, wenngleich seine Frucht als ungenießbar galt. Dieser Quilt entstand um 1880 in Pennsylvania.

Liebesapfel

Für Geübte

Größe

Block: 55,8 x 55,8 cm; 12 Blöcke erforderlich
Fertiger Quilt: 185,4 x 241,3 cm

Material

♦ 13 m weißer Stoff (einschließlich Stoff für die Rückseite des Quilts)
  Anmerkung: Bei Verwendung eines 137 cm breiten Stoffes benötigt man 9 m.
♦ 2 m roter Stoff
♦ 3 ¼ m grüner Stoff
♦ 1 ¾ m gelber Stoff
♦ ³⁄₈ m farblich passender Stoff für die Einfassung
♦ 186,6 x 242,5 cm Wattierung

Zuschneiden

Anmerkung: Alle Maße enthalten eine 6-mm-Nahtzugabe; die Schablonen sind ohne Nahtzugabe. Schablonen in Originalgröße siehe Seite 122.

Quiltrückseite: 2 Stücke weißer Stoff, je 94 x 242,5 cm.
Hintergrundquadrate: 12 Quadrate weißer Stoff, je 57 x 57 cm.
Einfassung: Aus der gesamten Breite des farblich passenden Stoffes 8 Streifen von je 4 cm Breite zuschneiden und so zusammennähen, daß eine Länge von 9 ½ m erreicht wird.

Blöcke: (Anzahl der Stücke für einen Einzelblock ist in Klammern angegeben.)

Muster-stück	Anzahl der Stücke	
A	(1)	12 rot
B	(2)	24 grün
C	(8)	96 rot
D	(8)	96 gelb
E	(4)	48 grün
E(U)	(4)	48 grün
F	(8)	96 grün
G	(1)	12 gelb

Seitliche Umrandung:

H	44 gelb
	84 rot
J	88 grün
K	8 grün

Umrandung oben und unten:

H	36 gelb
	34 rot
J	72 grün
K	8 grün

Zusammensetzen eines Liebesapfelblocks

1 Zuerst eine Unterlage für die Applikation schaffen. Ein Hintergrundquadrat horizontal und vertikal in der Mitte falten; sorgfältig bügeln. Den Block wieder auffalten und beide Knicke mit Heftstichen markieren. Ausgehend vom Mittelpunkt auf einer der gehefteten Linien in beide Richtungen 19 cm abmessen und mit 2 X (Kreuzchen) die Plazierung der **B** Applikationen markieren.

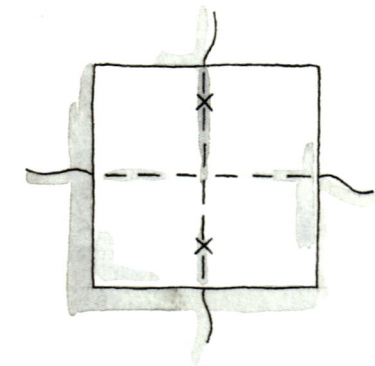

2 Die vollständige Vorlage für die Applikationen abpausen und für jedes Stück eine separate Schablone gemäß Anleitung auf Seite 105 anfertigen. Mit Hilfe der Schablonen die Teile für einen Block ausschneiden; dabei die Anleitungen für den Zuschnitt beachten (die Anzahl der in Klammern angegebenen Stücke ausschneiden). Die Stücke für die Applikation vorbereiten, wie auf Seite 107 beschrieben. Die gebogenen Innenränder der **C**, **D** und **E** Stücke müssen nicht umgeschlagen werden, da sie unter die danebenliegenden Applikationen geschoben werden; den Blockplan auf der linken Seite genau studieren.

3 Die **A** Blume in der Mitte des Hintergrundquadrats plazieren, der Mittelpunkt muß genau auf dem Schnittpunkt der gehefteten Linien liegen. Zuerst heften und dann mit einem passenden Faden applizieren. Applikationsanleitung siehe Seiten 107–108.

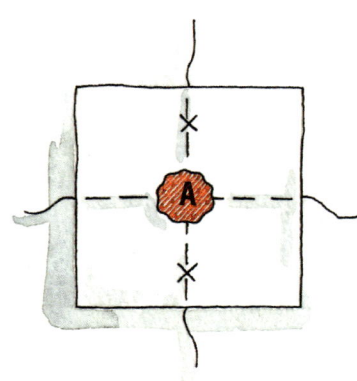

4 Die **B** Applikationen auf dem Hintergrundquadrat oberhalb und unterhalb der **A** Blume auflegen. Die Mitte jedes **B** muß genau auf den Kreuzchen liegen, die in Schritt 1 markiert wurden. Die **B** Stücke entlang der Mittellinie festheften. Die Heftstiche aus der Unterlage entfernen.

5 Die roten **C** Blütenblätter an beiden Enden der **B** Applikationen auflegen; die gebogenen Innenränder von **C** unter **B** schieben. Feststecken.

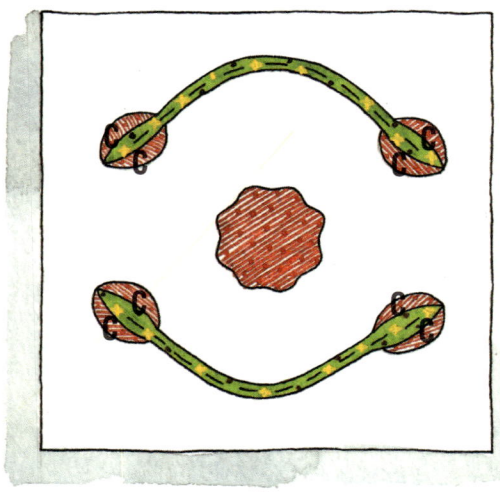

6 Die **D** Applikationen auf beiden Seiten der **C** Stücke auflegen; die gebogenen Innenränder von **D** unter **C** schieben. Feststecken.

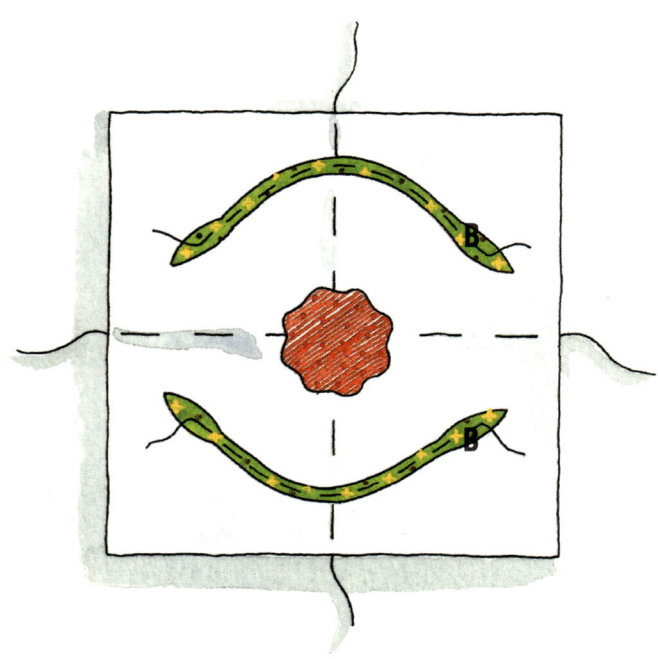

7 Die **E** Blätter auf beiden Seiten von **D** auflegen; die gebogenen Innenränder von **E** unter **D** schieben. Die **C**, **D** und **E** Stücke mit einem passenden Faden applizieren.

8 Die **F** Blätter auf beiden Seiten der **B** Stengel im Winkel wie in der Abbildung auflegen; heften. Die **F** und **B** Stücke mit einem passenden Faden applizieren. Die Heftstiche aus jedem **B** entfernen. **G** auf den Mittelpunkt der **A** Blume legen; applizieren.

9 Weitere 11 Liebesapfelblöcke auf die gleiche Art arbeiten.

Patchworkumrandung

10 Die Patchworkumrandung für eine Längsseite des Quilts herstellen, dafür je ein rotes **H** mit den gegenüberliegenden Kanten eines gelben **H** zusammennähen. Vorgang wiederholen, bis 20 **H-H-H** Streifen vorhanden sind.

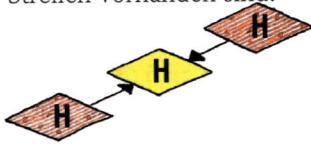

11 Ein **J** Dreieck an das rote **H** an beiden Enden jedes Streifens annähen.

12 Dann die Randstücke anfertigen (werden an beide Enden jedes Streifens genäht): Ein rotes **H** an ein gelbes **H** nähen, so daß zwei **H-H** Paare entstehen. Ein **J** Dreieck an das rote **H** und ein **K** Dreieck an das gelbe **H** nähen. Dann ein **J** an ein **K** nähen; **J-K** so an den **K-H-H-J** Streifen nähen, daß ein Randstück entsteht. Für das gegenüberliegende Ende der Umrandung ein weiteres Randstück auf die gleiche Art herstellen.

13 Die Patchworkstreifen zusammennähen; dabei die gelben **H** Rauten ausrichten, wie abgebildet. Ein Randstück an jedes Ende des Streifens nähen. Die zweite seitliche Umrandung genauso herstellen.

14 Für die obere Umrandung je ein rotes **H** wie in Schritt 10 mit den gegenüberliegenden Kanten eines gelben **H** zusammennnähen. Den Vorgang wiederholen, bis 17 **H-H-H** Streifen vorhanden sind.

15 Ein **J** Dreieck wie in Schritt 11 an das rote **H** an beiden Enden jedes Streifens annähen.

16 Zwei Randstücke wie in Schritt 12 anfertigen.

17 Die 17 **J-H-H-H-J** Streifen zusammennähen; dabei die gelben **H** Rauten wie in Schritt 13 ausrichten. Die Randstücke an beiden Enden des Streifens festnähen. Die untere Umrandung genauso herstellen.

Zusammennähen

18 Den **Quiltplan** befolgen und auf einer großen, ebenen Fläche arbeiten. Die Patchworkblöcke in 4 horizontalen Reihen mit je 3 Blöcken auslegen. Dabei darauf achten, daß die Blöcke dieselbe Ausrichtung haben.

Quiltplan

19 Die Blöcke in Reihen zusammennähen.

20 Die Reihen aneinandernähen; darauf achten, daß die Kreuzungspunkte der Nähte exakt zusammentreffen.

21 An jede lange Seite des Quiltvorderteils eine Seitenumrandung annähen.

22 Den Streifen für die obere Umrandung auf halber Länge zusammenfalten, um die Mitte zu bestimmen. Diesen Mittelpunkt auf den Mittelpunkt des mittleren Applikationsblocks am oberen Quiltrand stecken. Die Umrandung zu beiden Seiten an die Quiltoberkante stecken. Es ergibt sich auf jeder Seite ein Überstand von 13 cm. Die Umrandung annähen, den Überstand auf jeder Seite zurückschneiden. Vorgang für die untere Umrandung wiederholen.

23 Für die Quiltrückseite die Längsseiten der zwei Stoffstücke zusammennähen. Die Nahtzugabe nach einer Seite bügeln.

24 Die Vorderseite des Quilts, Wattierung und Rückseite verbinden, wie auf Seite 109 beschrieben.

Abschließende Arbeiten

25 Die Außenlinien von Liebesapfel, Stengel und Blattapplikationen quilten, dabei den Linien auf den Schablonen folgen.

26 Den weißen Hintergrund mit einem Karomuster quilten. Mit Bleistift oder Kreide eine gerade Diagonale ziehen, die die gegenüberliegenden Ecken des Quilts verbindet. Diese Linie in der anderen Richtung wiederholen, so daß auf dem Quilt ein X entsteht. (Das X nicht auf die Applikationen zeichnen, sondern nur zwischen ihnen auf dem weißen Hintergrund markieren.) Entlang dieser Markierungslinien quilten. Dann links und rechts dieser Markierungen parallele Quiltlinien im Abstand von 5 cm anbringen. Durch die Kreuzungspunkte der Quiltlinien entsteht das gewünschte Karomuster.

27 Den Quilt mit dem Einfaßstreifen versäubern; siehe Anleitung auf den Seiten 110–111.

Sommer

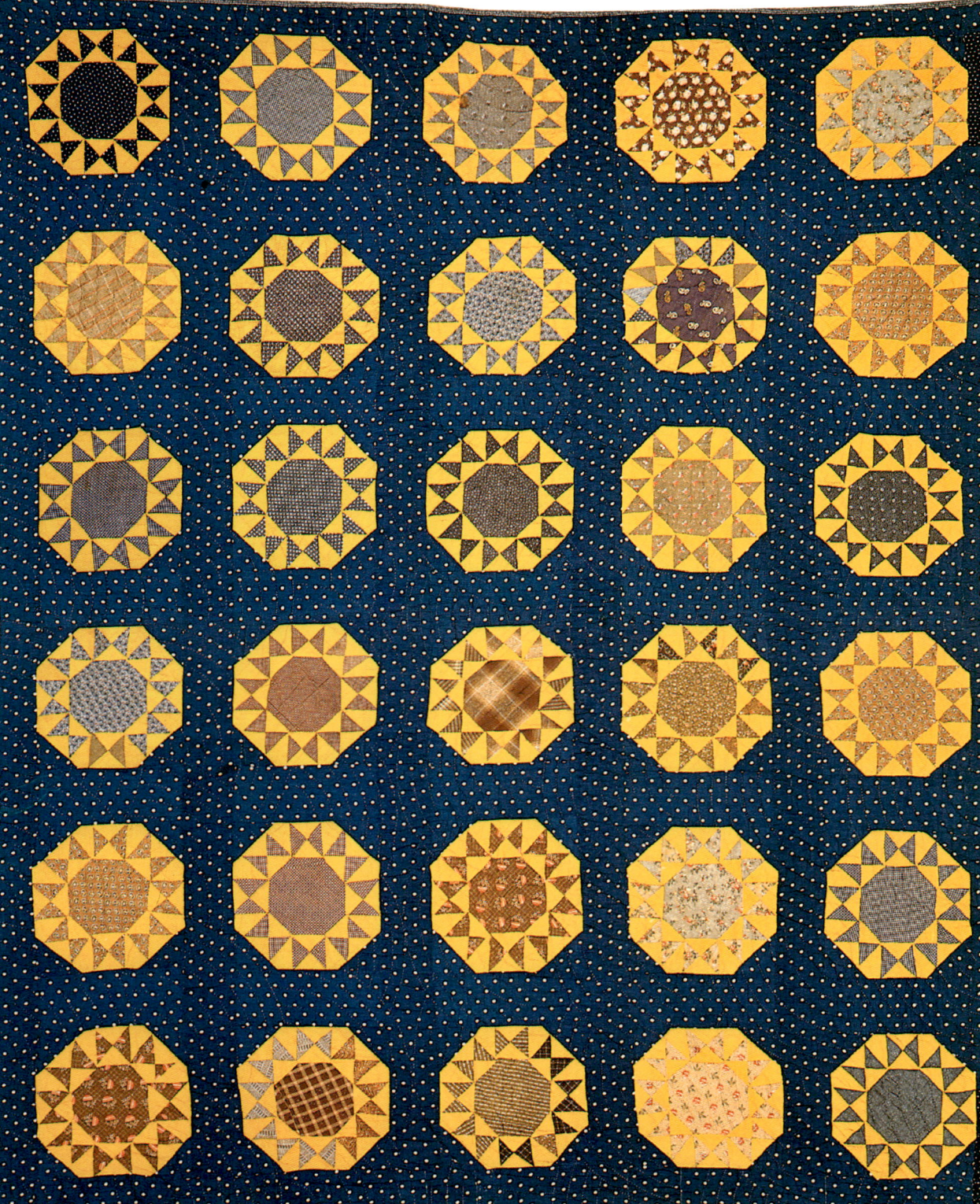

Sonnenblumen

Sunflowers

Diese Quilterin aus North Carolina wußte genau, was sie tat, als sie den marineblauen Pünktchenstoff auswählte. Dieser Hintergrund läßt die Sonnenblumen im Patchworkmuster wie in einer warmen, sternklaren Sommernacht aufleuchten. Die Herzen der Sonnenblumen sowie die Blütenblätter vermitteln einen guten Einblick in die Vielzahl von braunen Stoffen, die zur Entstehungszeit dieses Quilts um die Jahrhundertwende verfügbar waren.

Sonnenblumen

Für Fortgeschrittene

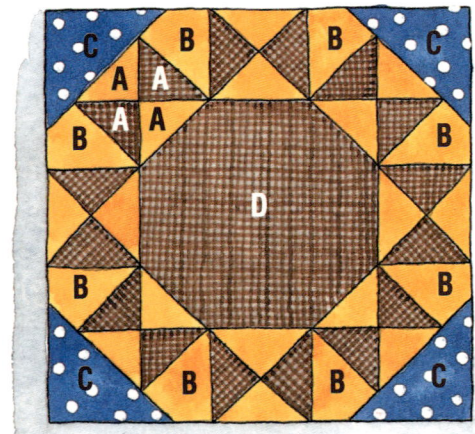

Größe

Block: 24 x 24 cm; 30 Blöcke erforderlich
Fertiger Quilt: 169 x 202 cm

Material

- ♦ 3 1/4 m goldgelber Stoff (einschließlich Stoff für die Einfassung)
- ♦ 2 5/8 m brauner Stoff
- ♦ 6 3/4 m blauer Stoff mit Punkten (einschließlich Stoff für die Quiltrückseite)
- ♦ 170 x 203,2 cm Wattierung

Zuschneiden

Anmerkung: Alle Maße enthalten eine 6-mm-Nahtzugabe; die Schablonen sind ohne Nahtzugabe. Schablonen in Originalgröße siehe Seite 119.
Quiltrückseite: 2 Stücke blauer Stoff mit Punkten, je 102,2 x 170 cm.
Blockumrandungen: 24 E Streifen, je 10 x 25,4 cm; 5 F Streifen, je 10 x 157,4 cm; blauer Stoff mit Punkten.

Äußere Umrandung: 2 G Streifen, je 7,6 x 157,4 cm, blauer Stoff mit Punkten; 2 H Streifen, je 7,6 x 203,2 cm, blauer Stoff mit Punkten.
Einfassung: Aus der gesamten Breite des goldgelben Stoffes 7 Streifen von je 4 cm Breite zuschneiden und so zusammennähen, daß der Streifen eine Länge von 8 1/4 m erreicht.
Blöcke: (Anzahl der Stücke für einen Einzelblock ist in Klammern angegeben.)

Muster stück	Anzahl der Stücke	
A	(16)	480 goldgelb
	(16)	480 braun
B	(8)	240 goldgelb
C	(4)	120 blau mit Punkten
D	(1)	30 braun

Zusammensetzen eines Sonnenblumenblocks

1 Ein braunes **A** so an ein goldgelbes **A** nähen, daß ein zweiteiliges Dreieck entsteht; das braune Dreieck liegt links, das goldgelbe rechts. Insgesamt 10 solcher **A-A** Dreiecke anfertigen.

2 Zwei **A-A** Dreiecke so zusammennähen, daß ein vierteiliges Quadrat entsteht. Dreimal wiederholen für insgesamt 4 **A-A** Quadrate. 2 **A-A** Dreiecke werden erst in Schritt 8 verwendet.

3 Die langen Kanten von 2 **B** Stücken an den braunen Teilen des **A-A** Quadrats annähen. Dreimal wiederholen für insgesamt 4 **B-A-B** Teile; 2 Teile für Schritt 8 beiseite legen.

4 An die sich jeweils gegenüberliegenden Ecken des **D** Achtecks 4 goldgelbe **A** Stücke so annähen, daß ein Quadrat entsteht.

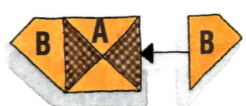

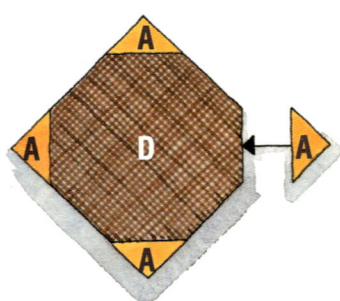

5 Je 1 braunes **A** Dreieck an die beiden langen Seiten von 2 **B-A-B** Streifen annähen und diese an sich gegenüberliegende Seiten des **A-D** Quadrats nähen.

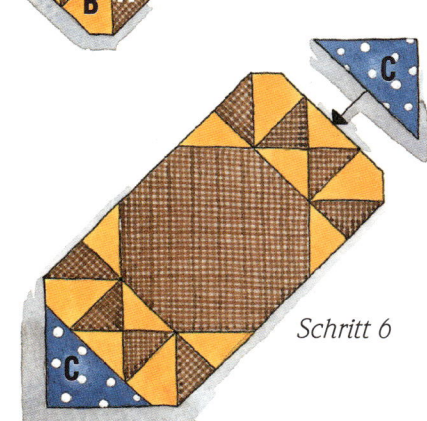

Schritt 5

6 Je 1 **C** Dreieck an die sich gegenüberliegenden Seiten des Patchworks nähen.

7 Ein goldgelbes **A** so an ein braunes **A** nähen, daß ein zweiteiliges Dreieck entsteht; das goldgelbe Dreieck liegt links, das braune rechts. Ein zweites **A-A** Dreieck genauso anfertigen.

Schritt 6

8 Die **A-A** Dreiecke aus Schritt 7 am linken Rand der übrigen 2 **B-A-B** Teile annähen. Die **A-A** Dreiecke aus Schritt 2 am rechten Rand der beiden **B-A-B** Teile festnähen. **C** oben annähen.

9 Die großen, mehrteiligen Dreiecke an das Patchwork annähen.

Schritt 7   *Schritt 8*

Schritt 9

10 Weitere 29 Sonnenblumenblöcke herstellen.

Zusammennähen

11 Die Blöcke gemäß dem **Quiltplan** in 6 horizontalen Reihen mit je 5 Blöcken auslegen. Die Blockumrandungen **E** und **F** zwischen die Blöcke legen.

12 Die Blöcke mit den **E** Umrandungen zusammennähen. Die horizontalen Reihen an beiden Seiten der **F** Streifen annähen.

13 Oben und unten eine **G** Umrandung, an den Seiten eine **H** Umrandung annähen.

14 Für die Quiltrückseite die Längsseiten der zwei Stoffstücke zusammennähen. Die Nahtzugabe nach einer Seite umbügeln.

15 Die Quiltteile nach der Anleitung auf Seite 109 verbinden.

Abschließende Arbeiten

16 Die gesamte Oberfläche des Quilts in einem Muschelmuster quilten (siehe Quiltvorlage auf Seite 118).

17 Den Quilt mit dem Einfaßstreifen versäubern; siehe Anleitung auf den Seiten 110–111.

Quiltplan

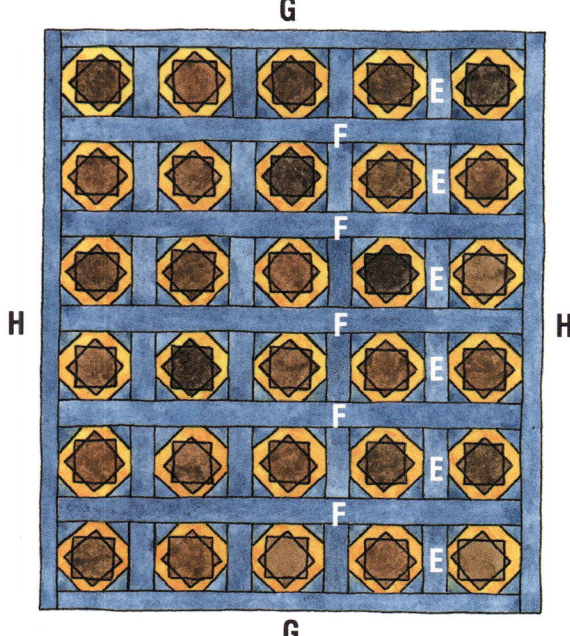

Sommerbeeren

Summer Berries

Wenngleich dieses beeindruckende Stück, das um 1860 entstand, vermutlich ein »Pracht-quilt« (ein solcher wurde nur für besondere Gelegenheiten angefertigt) war, ist es doch kein »Pracht«-Quilt im traditionellen Sinn – er wirkt auch heute noch leicht und verspielt. Wahrscheinlich sind es die eigenwillig geformten Beerenbäumchen entlang dem Rand sowie das goldene Funkeln an der Spitze jeder Beerentraube, die einen übermäßig formellen Eindruck verhindern.

Sommerbeeren

Für Geübte

Größe

Block: 43 x 43 cm; 12 Blöcke erforderlich
Fertiger Quilt: 182,8 x 199,3 cm

Material

- ◆ 9 ¾ m cremefarbener Stoff (einschließlich Stoff für die Rückseite des Quilts, Umrandung und Einfassung)
- ◆ 1 ¼ m roter Stoff
- ◆ 2 ½ m grüner Stoff
- ◆ ¼ m gelber Stoff
- ◆ 184 x 200,6 cm Wattierung

Schablonen

C1: Kreis mit 4,4 cm Durchmesser (einschließlich Nahtzugabe; diese Schablone verwenden, um die Stoffbeeren zuzuschneiden)
C2: Kreis mit 3 cm Durchmesser (ohne Nahtzugabe; etwa 50 Schablonen aus dünner Pappe herstellen)

Zuschneiden

Anmerkung: Alle Maße enthalten eine 6-mm-Nahtzugabe; die Schablonen sind ohne Nahtzugabe. Schablonen in Originalgröße siehe Seite 121.
Hintergrundquadrate: 12 Quadrate cremefarbener Stoff, je 44,4 x 44,4 cm.
Quiltrückseite: 2 Stücke cremefarbener Stoff, je 95,2 x 205,7 cm (einschließlich 5 cm Stoff für die Einfassung).
Umrandung: Aus dem cremefarbenen Stoff 1 **E** Streifen, 28 x 130,8 cm, und 2 **F** Streifen, je 28 x 200,6 cm, zuschneiden.

B Stengel: Aus der gesamten Breite des grünen Stoffs 4 Streifen von je 3 cm Breite zuschneiden; diese Streifen in 8,9 cm lange Stücke schneiden, so daß sich insgesamt 48 **B** Stengel ergeben.
Blöcke: (Anzahl der Stücke für einen Einzelblock ist in Klammern angegeben.)

Musterstück	Anzahl der Stücke	
A	(1)	12 rot
B	(4)	48 grün
C1	(5)	60 gelb
	(24)	288 grün
	(32)	384 rot
D	(4)	48 grün
D(U)	(4)	48 grün

Umrandung:

C1		23 gelb
		138 grün
		184 rot
D		23 grün
D(U)		23 grün
G		23 grün

Applizieren eines Sommerbeerenblocks

1 Zuerst eine Unterlage für die Applikation schaffen. Ein Hintergrundquadrat diagonal zuerst in die eine, dann in die andere Richtung falten; sorgfältig bügeln. Den Block wieder auffalten und jede der beiden Diagonallinien mit Heftstichen markieren. Die Unterlage bügeln, um die Falten wieder zu entfernen.

2 Eine **A** Blume für die Applikation vorbereiten, wie auf Seite 107 beschrieben. Genau auf die Mitte der Unterlage legen und festheften.

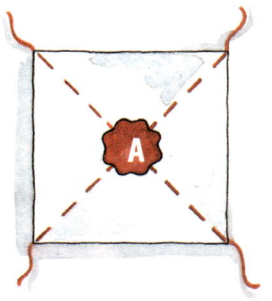

3 Die langen Schnittkanten der 4 **B** Stengel 6 mm auf die linke Seite falten und sorgfältig bügeln. Die Mittellinie jedes Stengels genau auf die gehefteten Diagonallinien legen und das Ende jedes Stengels 6 mm unter den Rand der **A** Blüte schieben. Festheften.

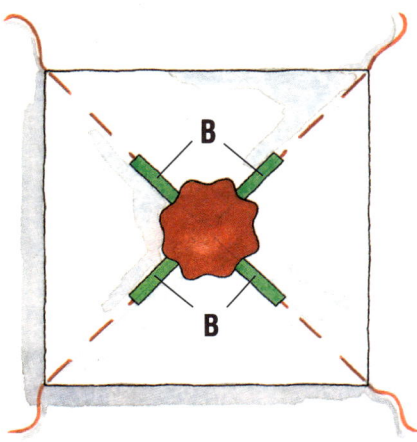

4 Folgendermaßen 4 gelbe Beeren, 24 grüne Beeren und 32 rote Beeren für die Applikation vorbereiten: Nahe am Rand des Stoffkreises eine Runde Heftstiche anbringen und die Pappschablone **C2** in die Mitte des Stoffkreises legen.

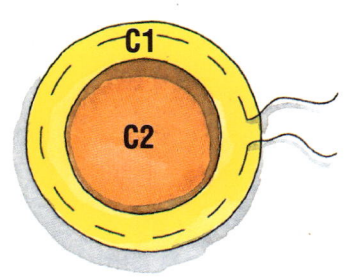

5 Vorsichtig an den Heftstichen ziehen, um den Rand des Stoffkreises um die **C2** Schablone zusammenzuziehen. Die Fadenenden mit ein paar Rückstichen sichern. Den Kreis sorgfältig bügeln, ohne daß auf der rechten Seite Unebenheiten oder Falten zurückbleiben. Die

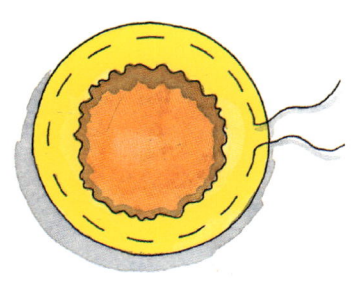

Pappschablone vorsichtig aus dem Stoffkreis ziehen, dabei nicht die gebügelte Form verändern. Nun kann die Beere auf dem Stoff appliziert werden.

6 Von jeder Ecke 3 cm nach innen messen; die Stelle mit einem Punkt markieren. Über jedem Punkt eine gelbe Beere anbringen und feststecken.

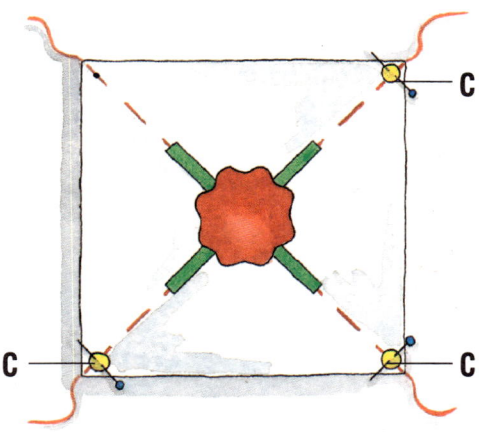

7 Über dem Ende jedes **B** Stengels 5 rote Beeren in einer geraden Reihe anordnen. Das Ende des Stengels mit der mittleren Beere abdecken. Die Beeren feststecken.

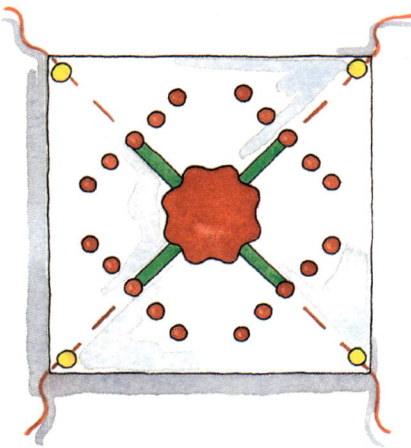

8 Die übrigen Beeren in Reihen versetzt anordnen, so daß eine hübsche dreieckige Form entsteht. 4 grüne Beeren in die zweite Reihe, 3 rote Beeren in die dritte Reihe und 2 grüne Beeren in die vierte Reihe setzen. Die Trauben sollten genau mit der gelben Beere abschließen, die bereits in jeder Ecke festgesteckt ist.

9 Wenn die Anordnung zur Zufriedenheit ausgefallen ist, die Beeren auf der Unterlage festheften und mit einem passenden Faden applizieren, wie auf Seite 108 beschrieben.

10 Nach der Anleitung auf den Seiten 107–108 nun 4 **D** und 4 umgekehrte **D** Blätter **[D(U)]** für die Applikation vorbereiten. Je ein Blatt und sein Gegenstück auf beiden Seiten der Stengel feststecken. Wenn die Lage stimmt, die Blätter und Stengel mit einem passenden Faden applizieren.

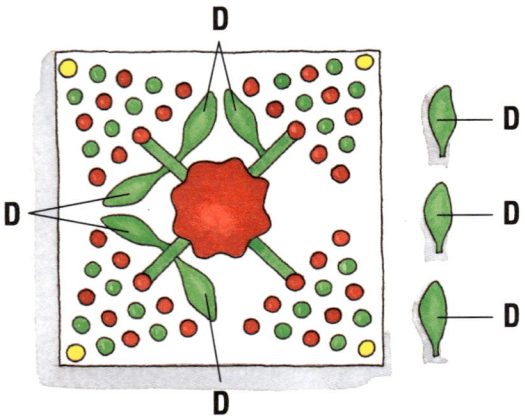

11 Die Blüte mit rotem Faden auf die Unterlage applizieren. Die übrige gelbe Beere genau in der Mitte der Blüte plazieren und mit einem gelben Faden applizieren. Nach Wunsch kann diese Beere auch durch eine Applikation mit hohem Relief hervorgehoben werden (Anleitung siehe rechte Seite).

12 Weitere 11 Blöcke auf die gleiche Art anfertigen.

Zusammennähen

13 Den **Quiltplan** (siehe oben rechts) befolgen und auf einer großen, ebenen Fläche arbeiten. Die applizierten Blöcke in 4 horizontalen Reihen mit je 3 Blöcken auslegen. Die Blöcke in horizontalen Reihen und dann die Reihen zusammennähen, die Kreuzungspunkte müssen exakt zusammentreffen.

14 Die **E Umrandung** am unteren Rand des Quilts annähen.

15 Die beiden **F Umrandungen** an den Seiten des Quilts anbringen.

Quiltplan

Applizierte Umrandung

16 Auf dem Stoff der **E Umrandung** zunächst die unten folgenden Punkte abmessen und anzeichnen. Die Entfernungen entlang der Naht von links nach rechts abmessen, wie in der nachstehenden Abbildung beschrieben. (Es ist zu beachten, daß diese Punkte mit dem Mittelpunkt und der Naht der applizierten Blöcke zusammentreffen.)

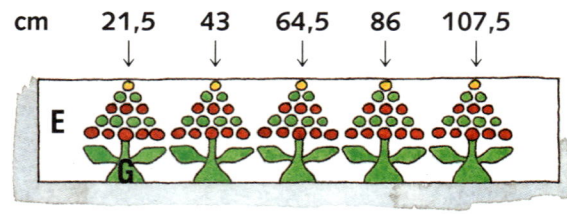

17 Zum Applizieren 5 gelbe Beeren, 30 grüne Beeren sowie 40 rote Beeren vorbereiten. Dabei wie bei den Blöcken vorgehen. Auch 10 Blätter vorbereiten. Zum Applizieren nur die gebogenen Schnittkanten der 5 **G** Stengel auf die linke Seite falten, nicht jedoch die Ober- und Unterkanten.

18 Eine gelbe Beere so auf jeden markierten Punkt legen, daß ihr oberer Rand die Nahtlinie gerade berührt. Feststecken.

40

19 Die übrigen Beeren in 4 Reihen unter jeder gelben Beere anordnen. Dabei folgendermaßen vorgehen: 2 grüne Beeren in die zweite Reihe, 3 rote Beeren in die dritte Reihe, 4 grüne Beeren in die vierte Reihe und 5 rote Beeren in die fünfte Reihe setzen, so daß eine ordentliche Dreiecksform entsteht.

20 Je 1 **G** Stengel unter die mittleren Beeren in der fünften Reihe plazieren und das unversäuberte Ende unter die Beere schieben; das untere unversäuberte Ende von **G** sollte mit dem unversäuberten Rand der Quiltvorderseite abschließen.

21 Je 1 **D** Blatt und sein **D(U)** Gegenstück an den Seiten des **G** Stengels anbringen; die unversäuberten Enden unter die **G** Stengel schieben.

22 Wenn die Teile richtig liegen, werden sie festgesteckt, nach Belieben geheftet und dann mit einem passenden Faden auf die Umrandung appliziert.

23 Als nächstes werden die seitlichen Umrandungen appliziert. Auf dem Stoff der **F Umrandung** die folgenden Punkte (siehe Abbildung) abmessen und anzeichnen. Die Entfernungen entlang der Naht vom oberen zum unteren Rand des Quilts (der obere Rand hat keine Borte) ausmessen. Beachten, daß die Markierungen alle 21,5 cm gesetzt werden. Am unteren Rand des Quilts bleibt ein 16,5 cm breiter freier Raum.

24 Zum Applizieren 18 gelbe Beeren, 108 grüne Beeren und 144 rote Beeren vorbereiten; dabei wie bei den Blöcken vorgehen. Auch 36 Blätter und 18 **G** Stengel zum Applizieren vorbereiten.

25 Eine gelbe Beere so auf jeden Markierungspunkt legen, daß der obere Rand der Beere die Nahtlinie gerade berührt. Feststecken.

26 Die übrigen Applikationen wie für die untere Umrandung auflegen. Mit einem passenden Faden applizieren.

Abschließende Arbeiten

27 Für die Quiltrückseite die Längsseiten der beiden Stoffstücke zusammennähen. Die Nahtzugabe nach einer Seite umbügeln.

28 Quiltvorderseite, Wattierung und Quiltrückseite nach der Anleitung auf Seite 109 verbinden, dabei Vorderseite und Wattierung auf der größeren Fläche der Quiltrückseite zentrieren.

29 Die Außenlinien von Beeren, Blättern und Stengeln quilten.

30 Den Hintergrundstoff in diagonalen Karos quilten. Zuerst die geraden Linien in einer diagonalen Richtung in einem Abstand von 2,5 cm quilten. Dann die geraden Linien in der Gegenrichtung quilten. Die sich kreuzenden Linien bilden ein Rautenmuster.

31 Die Ränder der Quiltrückseite sorgfältig zurückschneiden, so daß sie genau 1,6 cm über Quiltvorderseite und Wattierung hinausragen. Die unversäuberten Kanten 6 mm auf die linke Seite falten, diese eingeschlagene Kante auf die Quiltvorderseite umschlagen und mit einem passenden Faden und Saumstich festnähen. Exakte diagonale Ecken arbeiten (siehe Seite 109).

Applikation mit hohem Relief

Die Beeren in der Mitte der Blüten können durch eine Füllung betont werden. Dazu schneidet man die doppelte Anzahl der benötigten Beeren aus und gibt 6 mm Naht zu. Je 2 Beeren rechts auf rechts zusammennähen; die unversäuberten Ränder sind bündig. Mit einer scharfen Schere in nur eine der beiden Stofflagen eine Öffnung zum Wenden schneiden. Die Beere durch die Öffnung auf die rechte Seite wenden. So bügeln, daß die Nahtzugabe auf der rechten Seite nicht sichtbar ist. Die Beere füllen, bis sie dick ist; die Ränder der Öffnung übereinanderziehen und überwendlich zusammennähen. Die gefüllte Beere mit der Öffnungsnaht nach unten auf dem Hintergrund anbringen. Mit Saumstich aufnähen.

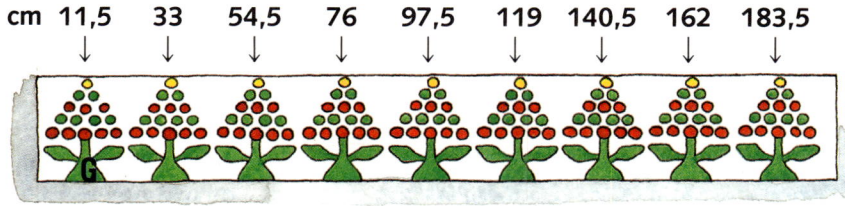

F Umrandung

cm 11,5 33 54,5 76 97,5 119 140,5 162 183,5

Kaktuskorb

Cactus Basket

Bei diesem Quilt bilden die fröhlichen bonbonfarbenen Pastelltöne einen herrlichen Kontrast zu den kühnen Primärfarben. Die wunderliche Ordnung bei der Verteilung der Stoffe beweist das Talent der Quilterin. Dies ist ein Patchwork-Quilt, der überall und bei allen Anklang findet. Er besteht aus lauter Stoffresten und ist ein Musterbeispiel der amerikanischen Volkskunst. Der Kaktuskorb entstand um 1930 in Iowa.

Kaktuskorb
Für Fortgeschrittene

Größe

Block: 24 x 24 cm; 56 Blöcke erforderlich
Fertiger Quilt: 169 x 193 cm

Material

Anmerkung: Dieser Quilt besteht aus Resten. Die Quilterin verwendete für die Blöcke Stoffe, die ihr gerade in die Finger kamen, so daß kein Block dem anderen gleicht. Bei den nachfolgenden Stoffangaben wurde davon ausgegangen, daß für Hintergrund (hell), Körbe (dunkel) und Kaktusteile (mittel) auf dem ganzen Quilt der gleiche Stoff verwendet wird. Damit erzielt man eine stark graphische, moderne Wirkung. Soll der Quilt jedoch dem hier abgebildeten alten Stück ähneln, sollte ein Sammelsurium an Stoffresten verwendet und der Hintergrund mit einfarbigen Stoffen, Korb- und Kaktusteile mit kontrastierenden Karos, Streifen und anderen Mustern gestaltet werden. Für einen Quilt aus Stoffresten

liefern die nachstehenden Stoffmaße einen Anhaltspunkt für den Stoffverbrauch.

♦ 3 ½ m heller Stoff
♦ 2 ½ m mittlerer Stoff
♦ 1 m dunkler Stoff
♦ 3 ¾ m Stoff für die Quiltrückseite
♦ ⅜ m farblich passender Stoff für die Einfassung
♦ 170 x 194,3 cm Wattierung

Zuschneiden

Anmerkung: Alle Maße enthalten eine 6-mm-Nahtzugabe; die Schablonen sind ohne Nahtzugabe. Schablonen in Originalgröße siehe Seite 115.
Quiltrückseite: 2 Stücke, je 98 x 170 cm.
Einfassung: Aus der gesamten Breite des farblich passenden Stoffes 7 Streifen von je 4 cm Breite zuschneiden und so zusammennähen, daß eine Länge von 8 m erreicht wird.
Blöcke: (Anzahl der Stücke für einen Einzelblock ist in Klammern angegeben.)

Muster-stück	Anzahl der Stücke
A	(2) 112 mittel
A (U)	(2) 112 mittel
B	(1) 56 hell
C	(2) 112 hell
D	(1) 56 dunkel
E	(2) 112 hell
F	(2) 112 dunkel
G	(1) 56 hell

Zusammensetzen eines Kaktuskorbblocks

1 Ein **A** an ein umgekehrtes **A** [A(U)] nähen; ein zweites **A** Paar genauso zusammennähen.

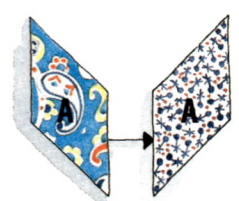

2 Die zwei **A** Paare zusammennähen.

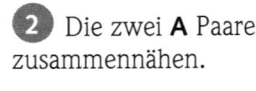

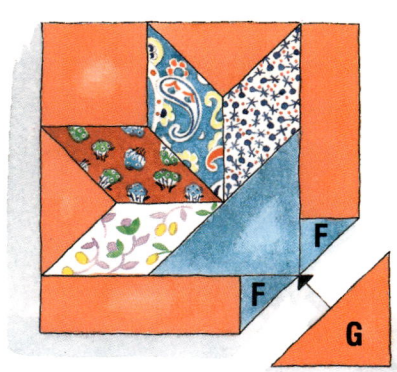

3 Ein **B** Quadrat an der Verbindungsstelle zwischen den **A** Paaren einsetzen; eine Einsetzanleitung findet sich auf Seite 106.

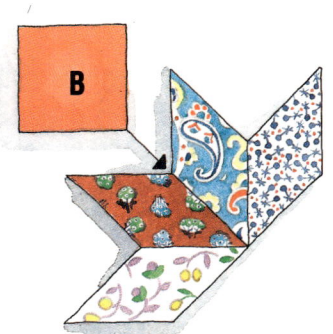

4 Je 1 **C** Dreieck in die verbleibenden zwei Winkel einsetzen.

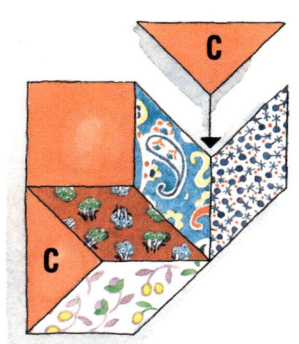

5 Ein **D** Dreieck an der geraden Seite der **A** Stücke annähen, so daß ein Quadrat entsteht.

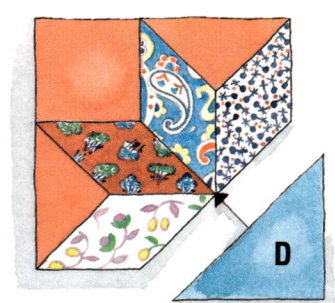

6 Je 1 **F** an einem Ende der beiden **E** Streifen annähen, so daß zwei zusammengesetzte Streifen entstehen.

7 Je 1 **E-F** Streifen an jedem **A-D** Rand des zusammengesetzten Quadrats annähen.

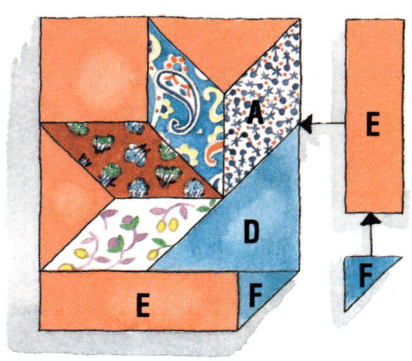

8 Ein **G** am **F-F** Rand annähen und damit den Block fertigstellen.

9 Weitere 55 Kaktuskorbblöcke auf die gleiche Art anfertigen.

Zusammennähen

10 Die Patchworkblöcke gemäß dem **Quiltplan** in 8 horizontalen Reihen mit je 7 Blöcken auslegen.

11 Die Blöcke in Reihen zusammennähen; dann die Reihen aneinandernähen; die Kreuzungspunkte der Nähte müssen genau aufeinandertreffen.

12 Für die Quiltrückseite die Längsseiten der zwei Stoffstücke zusammennähen. Die Nahtzugabe nach einer Seite umbügeln.

13 Die Quiltteile nach der Anleitung auf Seite 109 verbinden.

Abschließende Arbeiten

14 Jeden Kaktuskorbblock gemäß dem **Quiltschema** auf Seite 115 quilten.

15 Den Quilt mit dem Einfaßstreifen versäubern; siehe Anleitung auf den Seiten 110–111.

Quiltplan

Herbst

Vögel im Flug

Birds in the Air

Die hellen Dreiecke, die über die Oberfläche dieses Quilts zu flattern scheinen, erinnern an den Flug der Zugvögel im Herbst. Aus diesem Grund trägt dieses traditionelle Patchworkmuster den Namen »Vögel im Flug«. Es entstand um 1890 in North Carolina und weist zwei Merkmale auf, die für die traditionellen Quilts der Appalachenregion typisch sind: ein dunkler Stoff für den Hintergrund und ziemlich große Quiltstiche. Wir wissen nicht, warum die Quilterin zwei Ecken mit anderen Patches versah, doch verleiht diese Eigenheit dem Quilt seinen besonderen Charme.

Vögel im Flug

Für Anfänger

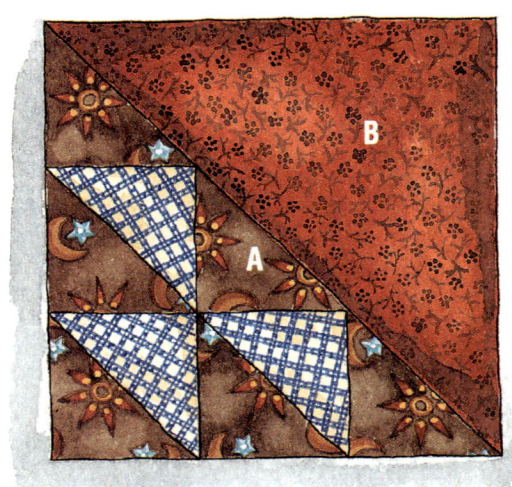

Größe

Block: 15,2 x 15,2 cm; 143 Blöcke erforderlich
Fertiger Quilt: 182,8 x 213,3 cm

Material

- ◆ 7 m Stoff in leuchtender Farbe (einschließlich Stoff für Umrandung und Quiltrückseite)
- ◆ 2 ½ m dunkler Stoff
- ◆ 1 ¼ m heller Stoff
- ◆ ⅜ m farblich passender Stoff für die Einfassung
- ◆ 184 x 214,6 cm Wattierung

Zuschneiden

Anmerkung: Alle Maße enthalten eine 6-mm-Nahtzugabe; die Schablonen sind ohne Nahtzugabe. Schablonen in Originalgröße siehe Seite 125.

Quiltrückseite: 2 Stücke in leuchtender Farbe, je 92,7 x 214,6 cm.
Umrandung: Aus dem leuchtend farbigen Stoff 2 **C** Streifen, je 8,8 x 199,3 cm, und 2 **D** Streifen, je 8,8 x 184 cm, zuschneiden.
Einfassung: Aus der gesamten Breite des farblich passenden Stoffes 8 Streifen von je 4 cm Breite ausschneiden und so zusammennähen, daß eine Länge von 9 m erreicht wird.
Blöcke: (Anzahl der Stücke für einen Einzelblock ist in Klammern angegeben.)

Muster-stück		Anzahl der Stücke
A	(3)	429 hell
	(6)	858 dunkel
B	(1)	143 leuchtende Farbe

Zusammensetzen eines Einzelblocks

1 Ein helles **A** Dreieck so an der Diagonalkante eines dunklen **A** annähen, daß ein Quadrat entsteht. Vorgang zweimal wiederholen, es liegen dann 3 **A-A** Quadrate vor.

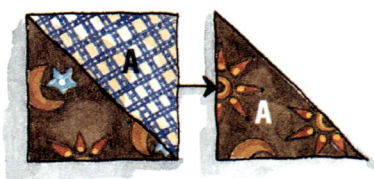

3 Die übrigen 2 **A-A** Quadrate zusammennähen und ein dunkles **A** Dreieck so an die helle Kante des Streifens nähen, wie abgebildet.

2 Ein einzelnes dunkles **A** so an die helle Kante eines **A-A** Quadrats annähen, wie in der Abbildung oben rechts gezeigt; beiseite legen.

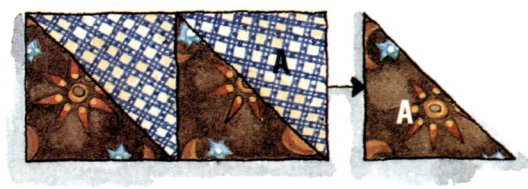

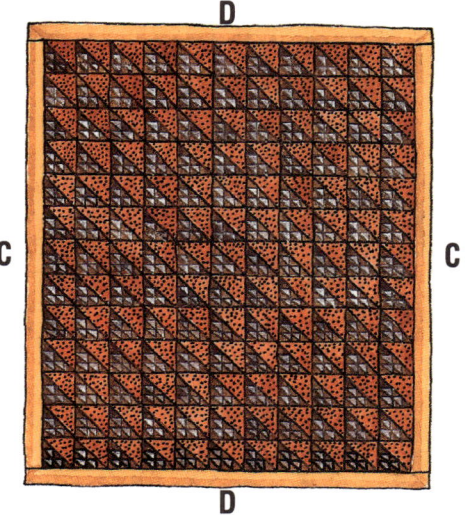

4 Die in den Schritten 2 und 3 hergestellten Teile wie in der Abbildung zusammennähen, dabei auf ein exaktes Zusammentreffen der Nähte achten. Dann ein dunkles **A** am oberen Rand festnähen, so daß ein großes Patchworkdreieck entsteht.

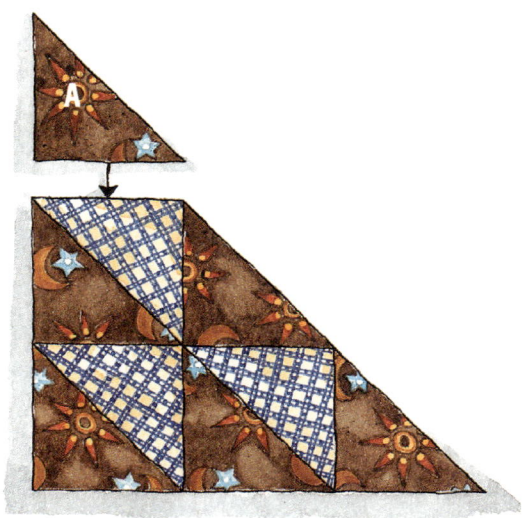

5 Das Patchworkdreieck an ein **B** Dreieck nähen, um den Block fertigzustellen.

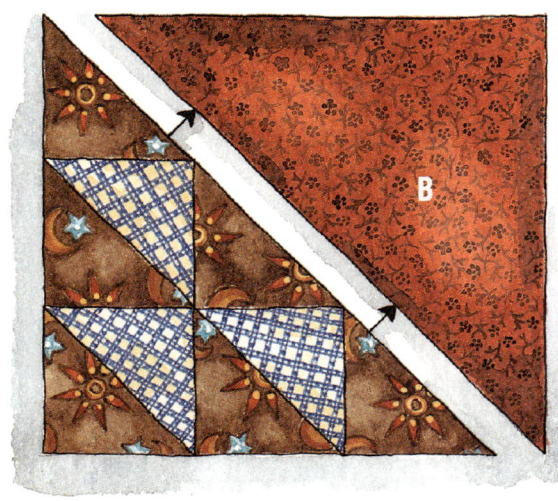

6 Weitere 142 Blöcke mit Vögeln im Flug auf die gleiche Weise anfertigen.

Zusammennähen

7 Den **Quiltplan** befolgen und auf einer großen, ebenen Fläche arbeiten. Die Patchworkblöcke in 13 horizontalen Rei-

hen mit je 11 Blöcken auslegen; das Patchworkdreieck nimmt in jeder Reihe die gleiche Position ein (siehe Abbildung).

Quiltplan

8 Die Blöcke in Reihen zusammennähen; die Nahtzugabe je Reihe abwechselnd in die eine und die andere Richtung bügeln.

9 Die Reihen zusammennähen; auf ein exaktes Zusammentreffen aller Nähte achten.

10 Die **C** Umrandungen an den langen Seitenkanten des Patchworks annähen.

11 Die **D** Umrandung am oberen und unteren Rand des Patchworks annähen; damit ist die Vorderseite des Quilts fertig.

12 Für die Quiltrückseite die Längsseiten der beiden Stoffstücke zusammennähen. Die Nahtzugabe nach einer Seite umbügeln.

13 Die Quiltteile nach der Anleitung auf Seite 109 verbinden.

Abschließende Arbeiten

14 In jedem **A** Dreieck ein kleines Dreieck quilten; die Stiche dabei 6 mm von den Nähten entfernt verlaufen lassen.

15 Über jedes **B** Dreieck Diagonallinien quilten, jeweils im Abstand von 13 mm.

16 Den Quilt mit dem Einfaßstreifen versäubern; siehe Anleitung auf den Seiten 110–111.

Rosenkranz

Rose Wreath

Um 1860 verwendeten Frauen ein besonderes Färbemittel, um den zu dieser Zeit so beliebten Grünton zu erzielen. Doch diese Farbe hielt sich nicht und verblich im Laufe der Jahre zu einem hellen Gelbbraun, wie es auf den Blättern und Ranken dieses Quilts zu sehen ist. Die Farbe ist auch unter dem Namen »flüchtiges Grün« bekannt. Das Stück mit seinen eindrucksvollen Applikationen entstand Ende des letzten Jahrhunderts. Einer der Ränder wurde später abgetrennt, möglicherweise um Schäden auszubessern; weitere Reparaturen wurden im Laufe der Jahre ausgeführt. Dieser Quilt war ganz offensichtlich ein vielgeliebter Gegenstand des täglichen Gebrauchs.

Rosenkranz

Für Geübte

Größe

Block: 61 x 61 cm; 9 Blöcke erforderlich
Fertiger Quilt: 183 x 198 cm

Material

Anmerkung: Der auf Seite 52 abgebildete alte Quilt war zur Zeit seiner Entstehung der hier gemalten Version recht ähnlich. Wenn das Erscheinungsbild des flüchtigen Grüns erreicht werden soll, empfiehlt sich für Blätter und Kranz ein gelbbrauner oder khakifarbener Stoff. Bei der Verwendung eines leuchtendgrünen Stoffes sieht der Quilt wie vor dem Verbleichen der Farben aus.

- 10 1/2 m weißer Stoff (einschließlich Stoff für die Quiltrückseite)
  Anmerkung: Liegt der Stoff 135–140 cm breit, reichen 8 m.
- 4 1/2 m grüner (gelbbrauner oder khakifarbener) Stoff
- 2 3/8 m roter Stoff (einschließlich Stoff für die Einfassung)
- 1/4 m goldgelber Stoff
- 184 x 199,3 cm Wattierung

Zuschneiden

Anmerkung: Alle Maße enthalten eine 6-mm-Nahtzugabe; die Schablonen sind ohne Nahtzugabe. Schablonen in Originalgröße siehe Seite 125.
Quiltrückseite: 2 Stücke weißer Stoff, je 92,7 x 199,3 cm.
Hintergrundblöcke: Aus dem weißen Stoff 9 Quadrate, je 62,2 x 62,2 cm, zuschneiden.
Schrägstreifen: Aus dem grünen oder gelbbraunen Stoff ein Quadrat mit 111,7 cm und eines mit 38 cm Kanten-

länge zuschneiden. Gemäß der Anleitung auf Seite 108 3,8 cm breite Schrägstreifen zuschneiden und so zusammennähen, daß eine Länge von 11 m erreicht wird. Für die **A** Stücke 9 Streifen mit je 109,2 cm Länge abschneiden.
Umrandung: 2 **H** Streifen, je 5 x 184 cm, grüner oder khakifarbener Stoff; 2 **H** Streifen roter Stoff.
Einfassung: Aus der gesamten Breite des roten Stoffes 7 Streifen von je 4 cm Breite zuschneiden und so zusammennähen, daß eine Länge von 8 1/2 m erreicht wird.
Blöcke: (Anzahl der Stücke für einen Einzelblock ist in Klammern angegeben.)

Muster- stück	Anzahl der Stücke	
A	(1)	9 grün
B	(4)	36 rot
C	(8)	72 grün
D	(12)	108 grün
D (U)	(12)	108 grün
E	(16)	144 rot
F	(8)	72 grün
G	(4)	36 goldgelb

Applizieren eines Rosenkranzblocks

1 Einen Hintergrundblock zuerst horizontal und vertikal, dann diagonal falten und bügeln. Den Block auffalten und die Knicke mit Heftstichen markieren. Den Block anschließend wieder glatt bügeln.

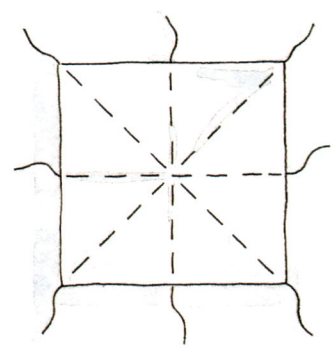

2 Genau in der Mitte des Blocks einen Kreis mit 35,5 cm Durchmesser aufzeichnen. Anstatt eines Zirkels kann ein hölzerner Quiltrahmen in dieser Größe Verwendung finden.

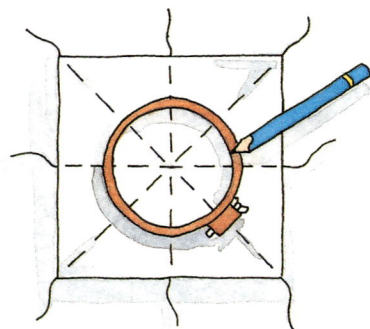

3 Den **A** Schrägstreifen zum Applizieren vorbereiten, wie auf Seite 109 beschrieben. Von einer der horizontalen Heftlinien ausgehend, den Streifen entlang dem markierten Kreis auf dem Hintergrund ausrichten; sorgfältig anpassen und bügeln; die Enden dürfen aneinanderstoßen, sich aber nicht überlappen; überschüssigen Stoff abschneiden. Den Streifen entlang der Mitte festheften.

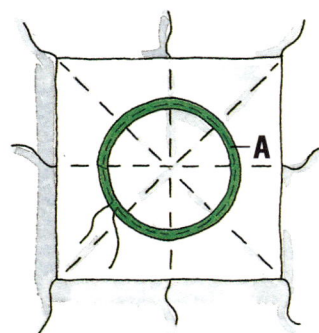

4 Wie auf Seite 107 beschrieben, 4 **B** Blüten zum Applizieren vorbereiten. Die Blüten auf die horizontalen und vertikalen Heftlinien aus Schritt 1 legen; die Mitte jeder Blüte muß auf dem Kranz liegen. Die **B** Blüten mit einem passenden Faden ap-

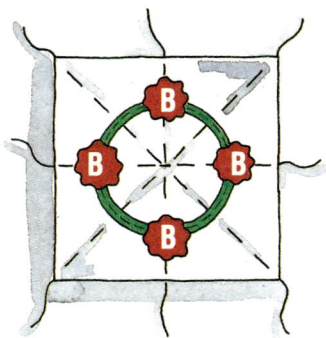

plizieren. Die horizontalen und vertikalen Heftlinien aus der Unterlage entfernen.

5 Nun 8 **C** Stengel für die Applikation vorbereiten. 4 Stengel innerhalb des Kranzes genau auf die diagonalen Heftlinien aus Schritt 1 legen. Festheften. Die anderen 4 Stengel werden erst in Schritt 11 gebraucht.

6 Die 12 **D** und 12 umgekehrte **D** Blätter zum Applizieren vorbereiten. Je 1 Blatt und sein Gegenstück zu beiden Seiten der **C** Stengel innerhalb des Kranzes auflegen. Festheften. Die anderen Blätter werden erst in den Schritten 8 und 11 gebraucht.

55

HERBST

7 Zum Applizieren 16 **E** Knospen vorbereiten; in diesem Schritt werden 4 Knospen benötigt. Je 1 Knospe an der Spitze jedes **C** Stengels anlegen; den unteren Teil der Knospe unter den Stengel schieben. Die **E** Knospen, **D** Blätter und **C** Stengel mit einem passenden Faden applizieren.

8 Die 8 **F** Stengel vorbereiten. Die Stengel außerhalb des Kranzes jeweils in der Mitte zwischen Blüte und diagonaler Heftlinie der Unterlage auflegen (siehe Abbildung). An die eine Seite von 4 Stengeln je 1 **D** Blatt wie abgebildet plazieren; ein umgekehrtes **D** an die andere Seite der restlichen 4 Stengel anlegen. Festheften.

9 Je 1 **E** Knospe an die Spitze jedes **F** Stengels anlegen; den unteren Teil der Knospe unter den Stengel schieben. Die **E** Knospen, **D** Blätter und **F** Stengel mit einem passenden Faden applizieren. 4 **G** Kreise, wie auf Seite 39 beschrieben, für die Applikation vorbereiten. Je 1 **G** Kreis genau in die Mitte jeder **B** Blüte legen. **G** Kreise und **A** Kranz mit einem passenden Faden applizieren. Die Heftstiche aus dem Kranz entfernen.

10 Die Position der Eckstücke markieren. Dafür von der Ecke der Unterlage 16,5 cm entlang der diagonalen Heftlinie abmessen und mit einem X kennzeichnen (siehe Abbildung); Vorgang an den anderen drei Ecken wiederholen.

11 Je 1 **C** Stengel in jeder Ecke auflegen; dabei den unteren Teil des Stengels über das markierte X legen (siehe Abbildung rechte Seite oben). Je 1 **D** Blatt zu beiden Seiten der Stengel plazieren. Eine **E** Knospe an die Spitze jedes **C** Stengels legen; den unteren Teil der Knospe unter den Stengel schieben. Knospen, Blätter und Stengel mit einem passenden Faden applizieren. Die diagonalen Heftlinien entfernen.

12 Weitere 8 Rosenkranzblöcke auf die gleiche Weise anfertigen.

Zusammennähen

13 Den **Quiltplan** befolgen und auf einer großen, ebenen Fläche arbeiten. Die Blöcke in 3 horizontalen Reihen mit je 3 Blöcken auslegen.

14 Die Blöcke in Reihen zusammennähen.

15 Die Reihen zusammennähen; dabei auf einen exaktes Zusammentreffen der Nähte achten.

16 Eine grüne **H** Umrandung an zwei sich gegenüberliegende Seiten des Quilts annähen.

17 An jede grüne eine rote **H** Umrandung nähen. Damit ist die Vorderseite des Quilts fertig.

18 Für die Quiltrückseite die Längsseiten der beiden Stoffstücke zusammennähen. Die Nahtzugabe nach einer Seite umbügeln.

19 Quiltvorderseite, Wattierung und Rückseite nach der Anleitung auf Seite 109 verbinden.

Abschließende Arbeiten

20 Die applizierten Teile entlang der Außenlinien quilten. Die Umrandungsstreifen entlang den Nähten ebenfalls quilten.

21 Den Quilt mit dem Einfaßstreifen versäubern; siehe Anleitung auf den Seiten 110–111.

Quiltplan

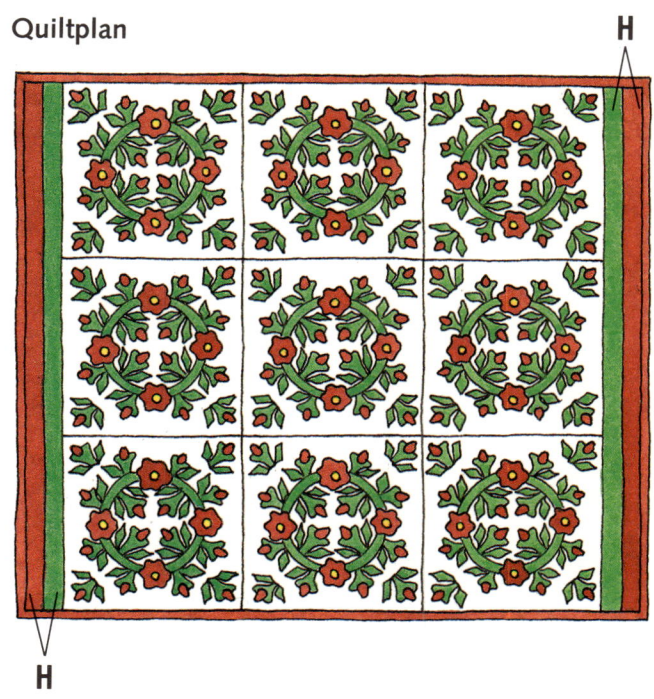

Regenbogen-Schulhäuser

Rainbow Schoolhouses

Hier hat die Quilterin das beliebte »Schulhaus«-Motiv auf äußerst ansprechende und einfallsreiche Weise gestaltet. Ein Regenbogenspektrum von Stoffen wurde in diagonalen Bändern kunstvoll angeordnet. Leuchtend rosa Sterne setzen einen interessanten Akzent. Eigentlich handelt es sich um einen Quilt aus Stoffresten. Doch die Quilterin war so talentiert, daß die Verwendung der verschiedenfarbigen Stoffe absichtsvoll erscheint. Der Quilt geht auf das Jahr 1940 zurück.

Regenbogen-Schulhäuser

Für Fortgeschrittene

Größe

Block: 22,8 x 22,8 cm; 49 Blöcke erforderlich
Fertiger Quilt: 194,3 x 212 cm

Material

- 9 m weißer Stoff (einschließlich Stoff für die Rückseite des Quilts sowie für die Einfassung)
- 1 ³⁄₈ m blauer Stoff
- ³⁄₄ m gelber Stoff
- ⁵⁄₈ m grüner Stoff
- ¹⁄₂ m schwarzer Stoff
- ³⁄₄ m lavendelfarbener Stoff
- 1 m roter Stoff
- ⁵⁄₈ m brauner Stoff
- ³⁄₈ m oranger Stoff
- ³⁄₄ m rosa Stoff
- 195,5 x 213,3 cm Wattierung

Zuschneiden

Anmerkung: Alle Maße enthalten eine 6-mm-Nahtzugabe; die Schablonen sind ohne Nahtzugabe. Schablonen in Originalgröße siehe Seiten 120–121.
Quiltrückseite: 2 Stücke weißer Stoff, je 98,4 x 213,3 cm.
Umrandung: 1 **U** Streifen, 10 x 195,5 cm, weißer Stoff; je 1 **V** Streifen, 5,7 x 195,5 cm, weißer und gelber Stoff.
Einfassung: Aus der gesamten Breite des weißen Stoffes 8 Streifen von je 4 cm Breite zuschneiden und so zusammennähen, daß eine Länge von 9 m erreicht wird.
Blöcke: (Die Anzahl der Stücke für einen Einzelblock ist in Klammern angegeben. Diese Anleitung für den Zuschnitt

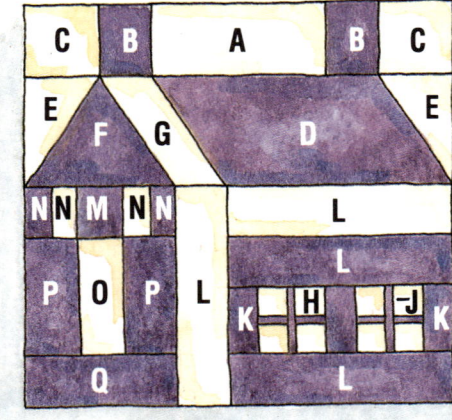

geht von den Blöcken des alten Quilts auf dem Foto aus und basiert auf 12 blauen, 6 gelben, 5 grünen, 4 schwarzen, 6 lavendelfarbenen, 8 roten, 5 braunen und 3 orangen Blöcken. Siehe auch Quiltplan auf Seite 63.)

Muster-stück	Anzahl der Stücke	
A	(1)	49 weiß
B	(2)	24 blau, 12 gelb, 10 grün, 8 schwarz, 12 lavendel, 16 rot, 10 braun, 6 orange
C	(2)	98 weiß
D	(1)	12 blau, 6 gelb, 5 grün, 4 schwarz, 6 lavendel, 8 rot, 5 braun, 3 orange
E	(1)	49 weiß
E (U)	(1)	49 weiß
F	(1)	12 blau, 6 gelb, 5 grün, 4 schwarz, 6 lavendel, 8 rot, 5 braun, 3 orange
G	(1)	49 weiß
H	(2)	98 weiß
J	(4)	48 blau, 24 gelb, 20 grün, 16 schwarz, 24 lavendel, 32 rot, 20 braun, 12 orange
K	(3)	36 blau, 18 gelb, 15 grün, 12 schwarz, 18 lavendel, 24 rot, 15 braun, 9 orange
L	(2)	98 weiß, 24 blau, 12 gelb, 10 grün, 8 schwarz, 12 lavendel, 16 rot, 10 braun, 6 orange
M	(1)	12 blau, 6 gelb, 5 grün, 4 schwarz, 6 lavendel, 8 rot, 5 braun, 3 orange
N	(2)	98 weiß, 24 blau, 12 gelb, 10 grün, 8 schwarz, 12 lavendel, 16 rot, 10 braun, 6 orange
O	(1)	49 weiß
P	(2)	24 blau, 12 gelb, 10 grün, 8 schwarz, 12 lavendel, 16 rot, 10 braun, 6 orange
Q	(1)	12 blau, 6 gelb, 5 grün, 4 schwarz, 6 lavendel, 8 rot, 5 braun, 3 orange

Blockumrandung:

R	84 weiß
S	168 rosa
S (U)	168 rosa
T	36 rosa

Zusammensetzen eines Schulhausblocks

Anmerkung: Um das Zusammensetzen des Blocks zu erleichtern, sollten alle Teile für einen Block nach Farbgruppen geordnet werden. Dann kann man eine Farbe nach der anderen verarbeiten. Die folgende Anleitung geht davon aus, daß man in den einzelnen Blöcken Stoffe derselben Farbe verwendet.

1 Für den oberen Streifen des Blocks (Kamin) an jede Seite von **A** ein **B** und an jedes **B** ein **C** annähen.

2 Für den Dachstreifen ein **E** an die rechte Kante von **D** annähen.

3 Ein umgekehrtes **E** an die linke Kante von **F** annähen.

4 Die sich gegenüberliegenden Kanten von **F** und **D** an die beiden Seiten von **G** annähen; damit den Dachstreifen fertigstellen.

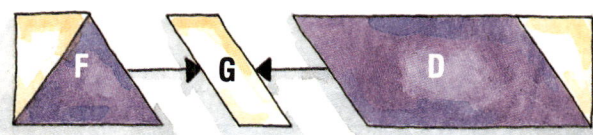

5 Als nächstes den rechten unteren Teil des Hauses arbeiten. Die Applikationen für die **J** Fensterscheiben vorbereiten, dafür die Längsseiten von 2 **J** Stücken 6 mm auf die linke Seite falten und bügeln. Ein **J** horizontal genau durch die Mitte eines **H** applizieren.

6 Das zweite **J** vertikal genau durch die Mitte des **H** über das erste **J** applizieren. Den Vorgang beim zweiten **H** Fensterteil wiederholen.

7 Je 1 **K** an eine Seite eines Fensters annähen (siehe Abbildung), dabei die unversäuberten Enden der **J** Applikationen in die Naht schieben. Dann die sich gegenüberliegenden Kanten der Fenster an das übrige **K** annähen.

8 Ein weißes **L** an ein farbiges **L** nähen.

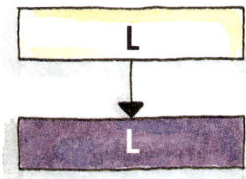

9 Den zweiteiligen **L-L** Streifen an die obere Kante des Fensterteils annähen; dabei die unversäuberten Enden der **J** Applikationen in die Naht schieben. Das verbleibende farbige **L** auf die gleiche Weise an die untere Kante des Fensterstreifens annähen.

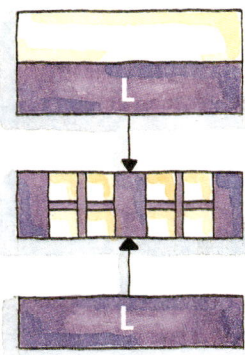

HERBST

10 Ein weißes **L** am linken Rand des Fensterteils annähen.

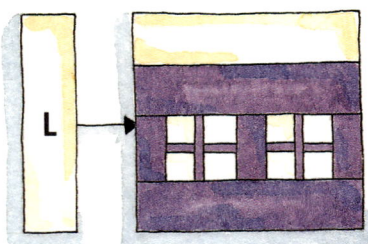

11 Je 1 weißes **N** an ein farbiges **N** nähen; dann die weißen **N** an beide Seiten von **M** annähen.

12 Je 1 **P** an jeder Längsseite von **O** annähen.

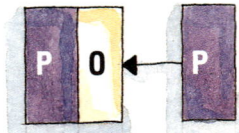

13 Den **N-M-N** Streifen am oberen Rand von **P-O-P** annähen; am unteren Rand ein **Q** annähen.

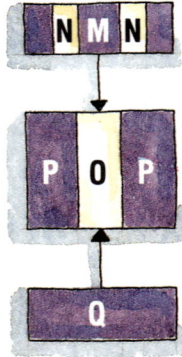

14 Den soeben hergestellten Streifen an die noch freie Längsseite des weißen **L** aus Schritt 10 nähen und damit das Unterteil des Hauses fertigstellen.

15 Den Kaminstreifen am Dachstreifen, dann das Unterteil des Hauses am Dachstreifen annähen; auf ein exaktes Zusammentreffen der Nähte achten. Damit ist der Block komplett.

16 Weitere 48 Schulhausblöcke auf die gleiche Weise anfertigen.

Blockumrandung

17 Die Rechtecke für die Umrandung anfertigen. Dafür je 1 **S** Dreieck an jeder Kante der Spitze des **R** Stückes annähen. Vorgang wiederholen, bis 84 Rechtecke vorhanden sind.

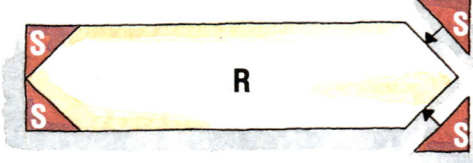

18 Für die horizontalen Streifen 7 Rechtecke mit 6 **T** Quadraten verbinden. Die Teile wie in der Abbildung unten abwechseln, so daß ein langer Streifen entsteht. 5 weitere horizontale Streifen auf die gleiche Weise anfertigen.

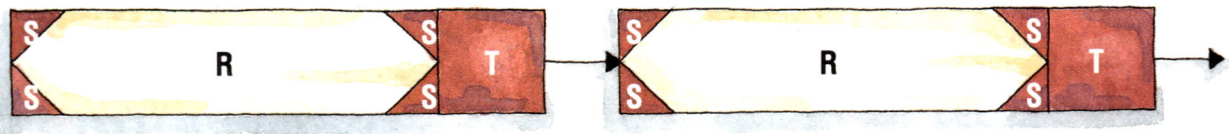

Zusammennähen

19 Den **Quiltplan** befolgen und auf einer großen, ebenen Fläche arbeiten. Die Patchworkblöcke sowie die verbleibenden Rechtecke für die Blockumrandung und die 6 horizontalen Umrandungsstreifen auslegen. Dem Farbvorschlag des **Quiltplans** folgen oder ein eigenes Design entwerfen.

Quiltplan

20 Die Patchworkblöcke mit Schulhaus so an die Rechtecke für die Blockumrandung annähen, daß horizontale Reihen entstehen (siehe Abbildung unten).

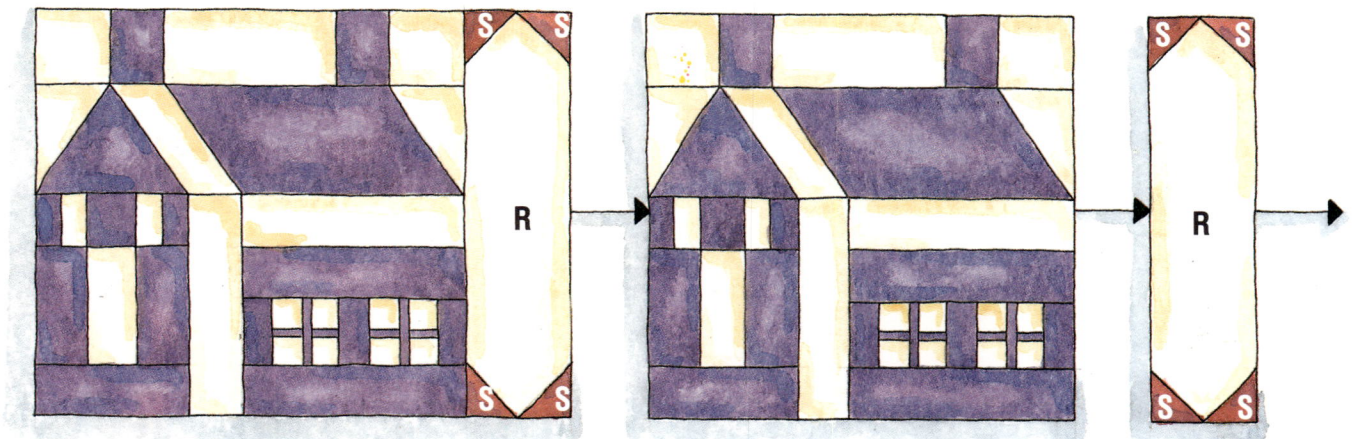

21 Die Patchworkreihen mit den in Arbeitsschritt 18 fertiggestellten horizontalen Umrandungsstreifen verbinden; auf exaktes Zusammentreffen der Nähte achten; dies ist hier besonders wichtig, da an den Verbindungsstellen der **S** und **T** Stücke die rosa Sterne entstehen.

22 Am oberen Abschluß des Patchworks die weiße **U** Umrandung annähen.

23 Die Längsseite der gelben **V** Umrandung mit der weißen **V** Umrandung zusammennähen; dann die weiße **V** Borte am unteren Abschluß des Patchworks annähen; damit ist die Vorderseite des Quilts fertig.

24 Für die Rückseite des Quilts die Längsseiten der beiden Stoffstücke zusammennähen. Die Nahtzugabe nach einer Seite umbügeln.

25 Quiltvorderseite, Wattierung und Rückseite nach der Anleitung auf Seite 109 verbinden.

Abschließende Arbeiten

26 Die Schulhäuser quilten, wie in dem **Quiltschema** auf Seite 121 dargestellt.

27 Das Quiltmuster für Blume und Blätter entsprechend der **R** Vorlage in voller Größe abpausen und nach der Anleitung auf Seite 110 eine Schablone herstellen. Das Muster auf die Mitte jedes **R** Stücks übertragen und quilten.

28 Nur die Blume auf die Mitte jedes **T** Quadrats übertragen und quilten.

29 Das Muster für Blume und Blatt auf die obere und untere Umrandung übertragen und quilten.

30 Den Quilt mit dem Einfaßstreifen versäubern; siehe Anleitung auf den Seiten 110–111.

Winter

Tannenbaum

Evergreen

Tannenbäume ziehen würdevoll wie in einer Prozession über diesen Quilt und scheinen sogar noch über seine Ränder hinauszuschreiten. Die fröhliche Form der Bäume mildert den formellen Eindruck des Designs, das an Weihnachten, Schnee und kalte Wälder erinnert. Das Muster entstand gegen 1920 in Texas und gehört zu den zahlreichen kommerziellen Patchworkanleitungen, die während der zwanziger und dreißiger Jahre regelmäßig in Frauenzeitschriften und Zeitungen erschienen sind.

Tannenbaum

Für Fortgeschrittene

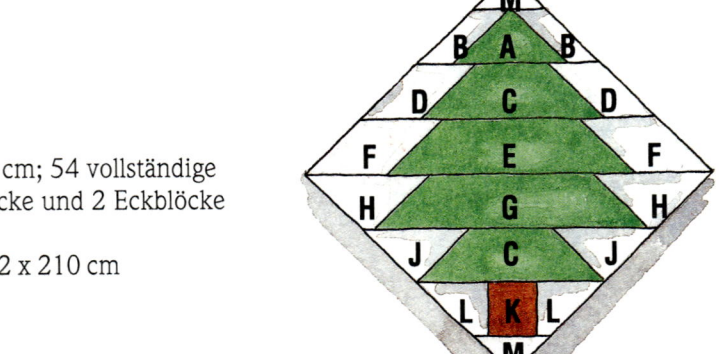

Größe

Block: 22,8 x 22,8 cm; 54 vollständige Blöcke, 21 Halbblöcke und 2 Eckblöcke erforderlich
Fertiger Quilt: 162 x 210 cm

Material

- 8 ¼ m weißer Stoff (einschließlich Stoff für die Quiltrückseite)
- 5 ¼ m grüner Stoff (einschließlich Stoff für die separate Einfassung)
- ¼ m brauner Stoff
- 163 x 212 cm Wattierung

Zuschneiden

Anmerkung: Alle Maße enthalten eine 6-mm-Nahtzugabe; die Schablonen sind ohne Nahtzugabe. Schablonen in Originalgröße siehe Seite 124.
Quiltrückseite: 2 Stücke weißer Stoff, je 106,6 x 163 cm.
Einfassung: Aus der gesamten Breite des grünen Stoffes 7 Streifen von je 5 cm Breite zuschneiden und so zusammennähen, daß eine Länge von 8 ¼ m erreicht wird.

Blöcke: (Anzahl der Stücke für einen Einzelblock ist in Klammern angegeben.)

Muster-stück	Anzahl der Stücke	
A	(1)	58 grün
B	(1)	58 weiß
B (U)	(1)	58 weiß
C	(2)	116 grün
D	(1)	58 weiß
D (U)	(1)	58 weiß
E	(1)	58 grün
F	(1)	58 weiß
F (U)	(1)	58 weiß
G	(1)	59 grün
H	(1)	59 weiß
H (U)	(1)	59 weiß
J	(1)	59 weiß
J (U)	(1)	59 weiß
K	(1)	59 braun
L	(1)	59 weiß
L (U)	(1)	59 weiß
M	(2)	132 weiß

Blöcke für die Umrandung (Seiten und Ecken):

B	7 weiß
B (U)	7 weiß
D	7 weiß
D (U)	7 weiß
F	7 weiß
F (U)	7 weiß
H	6 weiß
H (U)	6 weiß
J	6 weiß
J (U)	6 weiß
L	6 weiß
L (U)	6 weiß
N	7 grün
N (U)	7 grün
O	13 grün
O (U)	13 grün
P	7 grün
P (U)	7 grün
Q	6 grün
Q (U)	6 grün
R	12 braun
S	13 weiß
S (U)	13 weiß

Zusammensetzen eines Tannenbaumblocks

1 Ein **B** und ein umgekehrtes **B** an **A** annähen, wie gezeigt.

2 Ein **D** und ein umgekehrtes **D** an **C** annähen, wie gezeigt.

3 Ein **F** und ein umge- kehrtes **F** an **E** annähen, wie gezeigt.

4 Ein **H** und ein umge- kehrtes **H** an **G** annähen; wie gezeigt.

5 Ein **J** und ein umgekehrtes **J** an **C** annähen; wie gezeigt.

6 Ein **L** und ein umgekehrtes **L** an **K** annähen; wie gezeigt.

7 Die Teile, die die obere Hälfte des Blocks bilden, wie gezeigt zusam- mennähen. Ein **M** Dreieck am **B-A-B** Streifen annähen.

8 Die Teile, die die untere Hälf- te des Blocks bilden, wie gezeigt zusammennähen. Ein **M** Drei- eck am **L-K-L** Streifen annähen.

9 Das obere und untere Teil des Blocks zusammennähen.

10 Weitere 53 vollständige Tannen- baumblöcke anfertigen.

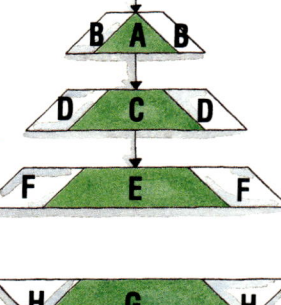

Zusammensetzen der Blöcke für die Umrandung

11 Für die obere und untere Umrandung des Quilts 4 Blöcke zusammenfügen, wie oben beschrieben, Schritt 9 jedoch aus- lassen, das heißt, die Halbblöcke nicht verbinden. Dann eine zusätzliche untere Hälfte eines Blocks anfertigen und dafür die restlichen Patchworkstücke verwenden. (**Anmerkung:** Es werden nur 4 obere Blockhälften gebraucht.)

12 Für die Halbblöcke an den Seiten des Quilts **B** an **N**, **D** an **O**, **F** an **P**, **H** an **Q**, **J** an **O** und **L** an **R** annähen. Diese Streifen zusam- mennähen und je 1 **S** am oberen und unteren Rand annähen. 5 weitere Blöcke auf dieselbe Art herstellen; dann 6 umgekehrte Blöcke nähen.

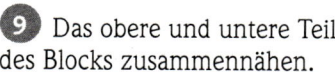

13 Für die Blöcke an den unteren Ecken des Quilts **B** an **N**, **D** an **O** und **F** an **P** annähen. Diese Streifen zusam- mennähen und ein **S** am oberen Rand annähen. Umgekehrt einen zweiten Block nähen.

Zusammennähen

14 Den **Quiltplan** befolgen und die Patchworkblöcke Spitze an Spitze in 12 horizontalen Reihen auslegen, dabei abwech- selnd 4 beziehungsweise 5 Blöcke pro Reihe anordnen.

15 Die Halbblöcke mit den Unterteilen der Bäume am oberen Rand des Quilts auslegen. Die Halbblöcke mit den Oberteilen der Bäume am unteren Rand auslegen.

16 Die Ecken an den Seitenteilen des Quilts mit den vertika- len Halbblöcken füllen.

17 Die Eckblöcke an der unteren linken und rechten Ecke einsetzen.

18 Die Patchworkblöcke in diagonalen Reihen zusam- mennähen; an jedem Ende jeder Reihe einen Halb- oder Vier- telblock mitnähen.

19 Die diagonalen Reihen zusammennähen; dabei mit den langen Mittelreihen beginnen und von innen nach außen vor- gehen. Darauf achten, daß die Nähte exakt zusammentreffen.

20 Für die Quiltrückseite die langen Seiten der zwei Stoff- stücke zusammennähen. Die Nahtzugabe nach einer Seite um- bügeln.

21 Die Quiltteile nach der Anleitung auf Seite 109 verbinden.

Abschließende Arbeiten

22 Die Quiltstiche in hori- zontalen Reihen in der Naht anbringen, dabei von innen nach außen vorgehen. Die Außenlinien jedes Tannen- baums quilten.

23 Den Quilt mit dem Einfaßstreifen versäubern; siehe Seiten 110–111.

Irische Doppelkette

Double Irish Chain

D ieser herrliche Quilt ist in den Farben Türkisch Rot, Grün und Weiß gehalten – Farben, die sich um 1860 größter Beliebtheit erfreuten. Über seiner gesamten Oberfläche verlaufen feine Quiltlinien im Karomuster. Die ungewöhnliche Rautenumrandung verleiht dem eher konventionellen Muster der Irischen Doppelkette eine kecke Note. Der Quilt stammt aus Delaware County in Pennsylvania.

Irische Doppelkette

Für Anfänger

Größe

Block: 25 x 25 cm; 32 Blöcke Nr. 1 und 32 Blöcke Nr. 2 erforderlich
Fertiger Quilt: 223,5 x 223,5 cm

Material

♦ 11 m weißer Stoff (einschließlich Stoff für die Quiltrückseite sowie die separate Einfassung)
♦ 3 m roter Stoff
♦ 1 ¾ m grüner Stoff (siehe **Anmerkung** bei **Umrandung**)
♦ 224,7 x 224,7 cm Wattierung
♦ Schablone für **E**: 16,5 x 26,6 cm

Zuschneiden

Anmerkung: Der Hauptteil dieses Quilts kann schnell, einfach und ohne Schablonen hergestellt werden. Die Streifen können mit Hilfe von Rollschneider und Lineal zugeschnitten werden. Oder die Streifen werden mit Bleistift und Lineal auf dem Stoff markiert und mit der Schere ausgeschnitten. Auf Seite 105 ist eine Arbeitsanleitung für den Rollschneider. Die folgenden Maße gehen von einer Stoffbreite von

114,3 cm aus. Von jeder Webekante 13 mm abschneiden, so daß eine Gesamtbreite von 111,7 cm verbleibt. (**Ausnahme:** siehe **Anmerkung** unter **Umrandung** – 4 grüne Streifen müssen auf eine Breite von 113 cm zugeschnitten werden.) Alle Maße enthalten eine 6-mm-Nahtzugabe; die Schablonen sind ohne Nahtzugabe. Schablonen in Originalgröße siehe Seite 125.
Quiltrückseite: 1 Mittelteil weißer Stoff, 111,7 x 224,7 cm, und 2 Seitenteile weißer Stoff, je 57,7 x 224,7 cm.
Umrandung (Anmerkung: Die oben angegebenen Stoffmaße gelten für die Rautenumrandungen; bei einfarbiger Umrandung benötigt man 3 ¾ m grünen Stoff.): Für **H** 4 Streifen, je 5 x 109,2 cm, grünen Stoff zuschneiden (oder 2 **H** Streifen, je 5 x 217 cm); für **J** 4 Streifen, je 5 x 113 cm, grünen Stoff zuschneiden (oder 2 **J** Streifen, je 5 x 224,7 cm).

Einfassung: Aus der gesamten Breite des weißen Stoffes 9 Streifen von je 4 cm Breite zuschneiden und so zusammennähen, daß eine Länge von 10 m erreicht wird.
Benötigte Stoffstreifen: Aus der gesamten Breite des jeweiligen Stoffes Streifen von je 6,3 cm Breite zuschneiden.
Weiß: 12
Rot: 32
Grün: 18
Benötigte zusammengesetzte Streifen: (Anzahl der Streifen für einen Einzelblock ist in Klammern angegeben.)

Musterstück	Anzahl der Stücke	
Block Nr. 1:		
A	(2)	64
B	(2)	64
C	(1)	32
Block Nr. 2:		
D	(2)	64
E	(1)	32
Umrandung:		
F		128 rot
G		264 weiß
		8 rot

Zusammensetzen eines Blocks Nr. 1

1 Für die **A** Streifen werden 4 weiße, 8 rote und 8 grüne Streifen benötigt. Die Streifen zusammennähen, wie abgebildet, so daß 4 zusammengesetzte Stoffteile von je 26,6 cm Breite entstehen. Von jedem zusammengesetzten Stoffteil 17 Streifen von je 6,3 cm Breite abschneiden, bis insgesamt 64 **A** Streifen vorliegen (von dem letzten zusammengesetzten Stoffteil nur 13 Streifen abschneiden).

A

2 Für die **B** Streifen werden 12 rote und 8 grüne Streifen benötigt. Die Streifen zusammennähen; dabei die Farben wie abgebildet abwechseln, so daß 4 zusammengesetzte Stoffteile von je 26,6 cm Breite entstehen. Aus jedem zusammengesetzten Stoffteil 17 Streifen von je 6,3 cm Breite abschneiden, bis 64 **B** Streifen vorliegen (von dem letzten zusammengesetzten Stoffteil nur 13 Streifen abschneiden).

B

3 Für die **C** Streifen werden 4 weiße, 4 rote und 2 grüne Streifen benötigt. Die Streifen zusammennähen; dabei die Farben wie abgebildet abwechseln, so daß 2 zusammengesetzte Stoffteile von je 26,6 cm Breite entstehen. Von jedem zusammengesetzten Stoffteil 16 Streifen von je 6,3 cm Breite abschneiden, bis 32 **C** Streifen vorliegen.

C

4 Je 1 **B** Streifen zu beiden Seiten des **C** Streifens annähen; auf ein exaktes Zusammentreffen der Nähte achten.

B   **C**   **B**

5 Je 1 **A** Streifen an die **B** Streifen annähen; auf ein exaktes Zusammentreffen der Nähte achten. Damit ist Block Nr. 1 fertig, wie in der umseitigen Abbildung dargestellt.

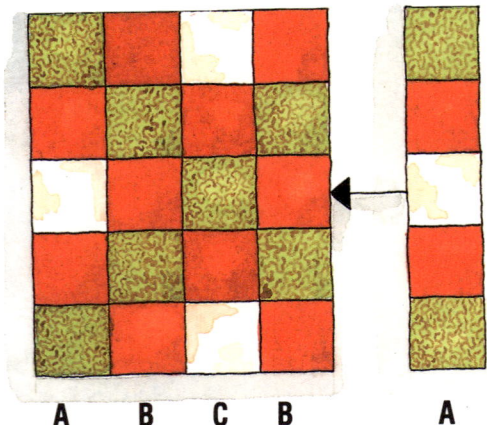

A   B   C   B   A

6 Weitere 31 Blöcke Nr 1 mit Irischer Doppelkette auf die gleiche Weise anfertigen.

D

8 Je 1 **D** Streifen an den Längsseiten eines **E** Stücks annähen, um den Block Nr. 2 fertigzustellen.

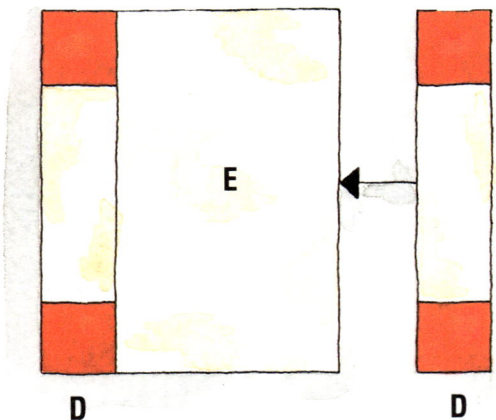

E

D   D

9 Weitere 31 Blöcke Nr. 2 mit Irischer Doppelkette auf die gleiche Weise anfertigen.

Zusammensetzen eines Blocks Nr. 2

7 Für die **D** Streifen werden 8 rote Streifen benötigt. Aus der gesamten Breite des weißen Stoffes 4 Streifen von je 16,5 cm Breite zuschneiden. Die Streifen zusammennähen, wie abgebildet, so daß 4 zusammengesetzte Stoffteile von 26,6 cm Breite entstehen. Von jedem zusammengesetzten Stoffteil 17 Streifen von je 6,3 cm Breite abschneiden (siehe Abbildung oben rechts), bis insgesamt 64 **D** Streifen vorliegen (von dem letzten zusammengesetzten Stoffteil nur 13 Streifen abschneiden).

Zusammensetzen der Rautenumrandung

10 Für die obere Borte je 1 **G** Dreieck an die gegenüberliegenden Kanten der 31 **F** Quadrate annähen, wie abgebildet; diese diagonalen Streifen aneinandernähen; auf ein exaktes Zusammentreffen der Nähte an den Verbindungspunkten der **F** Quadrate achten. Ein rotes und ein weißes **G** Dreieck an jedem Ende des Streifens anbringen, damit die Enden viereckig abschließen. Auf diese Weise entsteht ein 204,4 cm langer oberer Bortenstreifen. Den Streifen für die untere Umrandung genauso anfertigen.

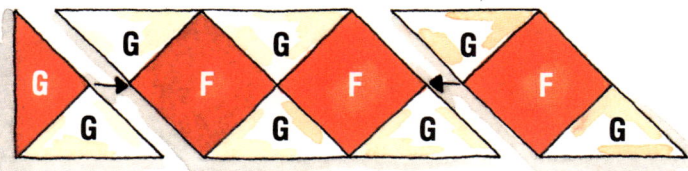

11 Für die seitliche Umrandung 68 **G** Dreiecke wie in Schritt 10 an 33 **F** Quadrate annähen; ein rotes und ein weißes **G** Dreieck an jedem Ende des Streifens anbringen, damit die Enden viereckig abschließen. Auf diese Weise entsteht ein 217 cm langer Streifen. Der zweite Streifen für die seitliche Umrandung wird genauso angefertigt.

Zusammennähen

12 Den **Quiltplan** befolgen und die Patchworkblöcke Nr. 1 mit den Blöcken Nr. 2 zu einem Schachbrettmuster auslegen: 8 Reihen mit je 8 Blöcken.

13 Die Blöcke in horizontalen Reihen zusammennähen.

14 Die Reihen zusammennähen; dabei auf ein exaktes Zusammentreffen der Nähte achten.

15 Die obere und untere Umrandung am Patchworkteil annähen.

16 Die seitlichen Umrandungen am Patchworkteil annähen.

17 Wird die Rautenumrandung zusätzlich mit einer grünen Umrandung zusammengesetzt, je 2 **H** Teile längs zusammennähen, um die beiden **H** Umrandungen herzustellen. Diese am oberen und unteren Rand des Patchworks annähen.

18 Nun je 2 **J** Teile längs zusammennähen, um die beiden **J** Umrandungen herzustellen. Diese an die Seiten des Patchworkteils annähen, um die Vorderseite des Quilts fertigzustellen.

19 Für die Quiltrückseite je eine Längsseite der Seitenteile an die Längsseiten des Mittelteils annähen. Die Nahtzugabe nach einer Seite umbügeln.

20 Die Quiltteile nach der Anleitung auf Seite 109 verbinden.

Abschließende Arbeiten

21 Die sich gegenüberliegenden Ecken des Quilts durch eine Diagonale verbinden und mit Bleistift oder Kreide aufzeichnen. Diese Linie in der entgegengesetzten Richtung wiederholen, so daß auf dem Quilt ein X entsteht.

22 Entlang dieser Markierungslinien quilten. Dann links und rechts von den Diagonalen Parallellinien im Abstand von 5 cm quilten. Durch die Kreuzungspunkte der Quiltlinien entsteht ein Karomuster.

23 Den Quilt mit dem Einfaßstreifen versäubern; siehe Anleitung auf den Seiten 110–111 (nicht bei zusätzlicher grüner Umrandung).

Quiltplan

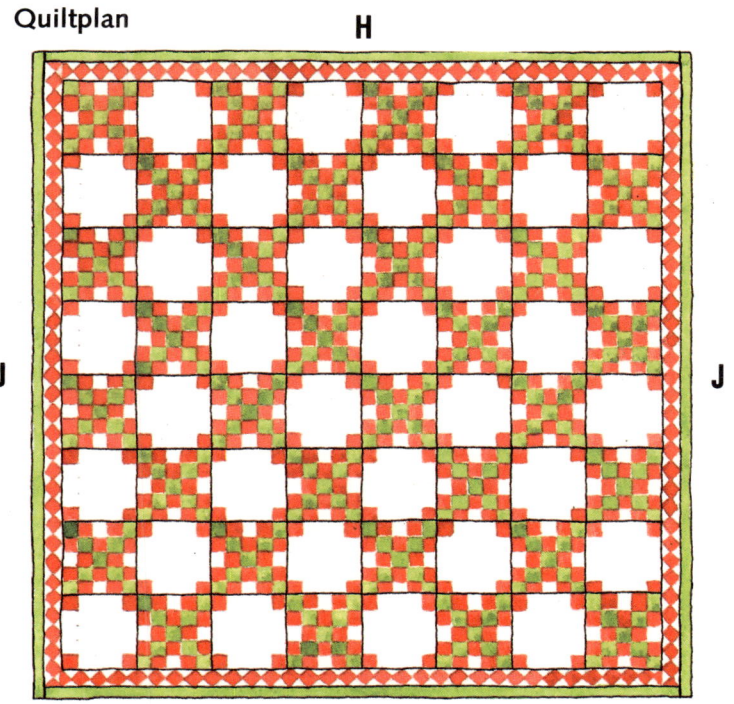

Eichenblatt und Spule

Oak Leaf and Reel

Mitte des 19. Jahrhunderts arbeitete man Präsentationsquilts, um wichtiger Ereignisse zu gedenken beziehungsweise diese zu feiern. Solche Quilts waren oft das Gemeinschaftswerk mehrerer Frauen und wurden einer bedeutenden Person der Gemeinde als Geschenk übergeben. Dieses herrliche Kunstwerk war ein solcher Präsentationsquilt, er entstand um 1850 in Pennsylvania. Um die mittlere Applikation herum findet sich folgende Inschrift: »Ein Geschenk an Pfarrer John Farquhar, überreicht von den Damen der Gemeinde Chanceford.« Die Applikationen sind ausgezeichnet gearbeitet, die Quiltstiche perfekt. Einzig die leicht asymmetrischen Bögen und Quasten auf der Umrandung fallen etwas aus dem Rahmen.

Eichenblatt und Spule

Für Geübte

Größe

Block: 42 x 42 cm; 25 Blöcke erforderlich
Fertiger Quilt: 250 x 250 cm

Material

- 13 ¼ m weißer Stoff (einschließlich Stoff für die Quiltrückseite sowie für die Umrandung)
- 3 ¾ m blauer Stoff
- 4 m roter Stoff
- 251,4 x 251,4 cm Wattierung

Zuschneiden

Anmerkung: Alle Maße enthalten eine 6-mm-Nahtzugabe; die Schablonen sind ohne Nahtzugabe. Schablonen in Originalgröße siehe Seiten 116–117.

Quiltrückseite: Aus dem weißen Stoff 1 Mittelteil, 111,7 x 251,4 cm, und 2 Seitenteile, je 71 x 251,4 cm, zuschneiden.

Blöcke für den Hintergrund: 25 Quadrate weißer Stoff, je 43 x 43 cm.

Umrandung: 2 **J** Streifen, je 21,5 x 210,8 cm, weißer Stoff; 2 **K** Streifen, je 21,5 x 251,4 cm, weißer Stoff.

Blöcke: (Anzahl der Stücke für einen Einzelblock ist in Klammern angegeben.)

Muster-stück	Anzahl der Stücke	
A	(4)	52 rot
	(4)	48 blau
B	(1)	12 rot
	(1)	13 blau

Umrandung:

C	32 rot
D	32 blau
E	28 blau
F	28 blau
G	4 blau
H	4 blau

Zusammensetzen eines Einzelblocks

Anmerkung: Beim Applizieren der Blöcke sicherstellen, daß die roten Halbmonde immer mit den blauen Blättern und die blauen Halbmonde mit den roten Blättern kombiniert werden.

1 Zuerst eine Unterlage für die Applikation schaffen. Ein Hintergrundquadrat diagonal zuerst in die eine, dann in die andere Richtung falten; sorgfältig bügeln. Den Block wieder auffalten und jede der beiden Diagonallinien mit Heftstichen markieren. Die Unterlage bügeln, um die Falten wieder zu entfernen.

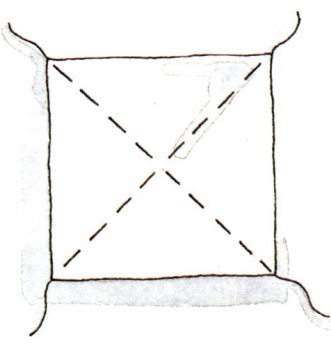

2 Zum Applizieren 4 **A** Halbmonde vorbereiten (siehe Anleitung auf Seite 107). In jedes der vier durch Heftstiche markierten Dreiecke der Unterlage einen Halbmond anordnen; feststecken.

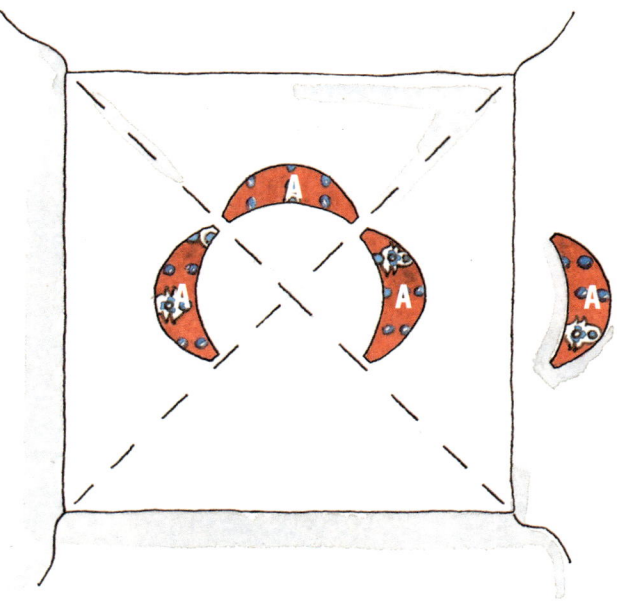

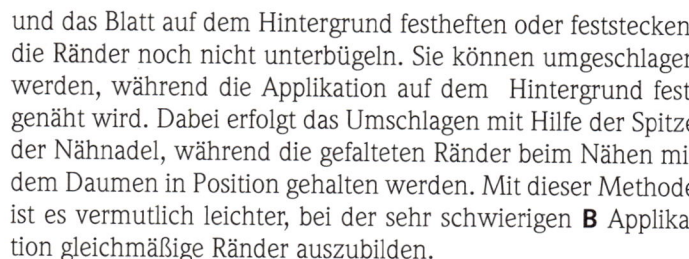

3 Einen **B** Blattzuschnitt zum Applizieren vorbereiten (siehe Anleitung auf Seite 107). Da die Lage der Blätter in den vier Dreiecken kaum verändert werden kann, empfiehlt sich unter Umständen eine andere Methode als Vorbereitung für das Applizieren: Die Nahtzugabe entlang den Biegungen einschneiden

und das Blatt auf dem Hintergrund festheften oder feststecken, die Ränder noch nicht unterbügeln. Sie können umgeschlagen werden, während die Applikation auf dem Hintergrund festgenäht wird. Dabei erfolgt das Umschlagen mit Hilfe der Spitze der Nähnadel, während die gefalteten Ränder beim Nähen mit dem Daumen in Position gehalten werden. Mit dieser Methode ist es vermutlich leichter, bei der sehr schwierigen **B** Applikation gleichmäßige Ränder auszubilden.

4 Die **B** Applikation auf der Unterlage auslegen, so daß die Stengel genau zwischen die Enden der Halbmonde passen; die Position der Halbmonde bei Bedarf leicht korrigieren. Festheften.

5 Die **A** und **B** Stücke mit einem passenden Faden auf die Unterlage applizieren. Heftstiche entfernen.

6 Weitere 24 Blöcke auf dieselbe Art anfertigen. Insgesamt werden 13 Blöcke mit blauen Blättern und roten Halbmonden sowie 12 Blöcke mit roten Blättern und blauen Halbmonden benötigt.

Zusammennähen

7 Den **Quiltplan** befolgen und auf einer großen, ebenen Fläche arbeiten. Die Blöcke in 5 horizontalen Reihen mit je 5 Blöcken auslegen. Die Blöcke in den Farben abwechseln, wie gezeigt, so daß ein Schachbrettmuster entsteht (die Blöcke mit den blauen Blättern bilden ein X über dem Quilt).

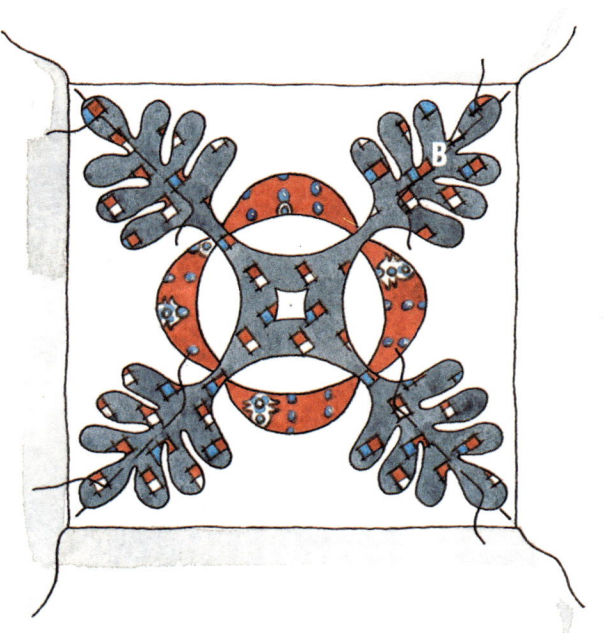

Quiltplan

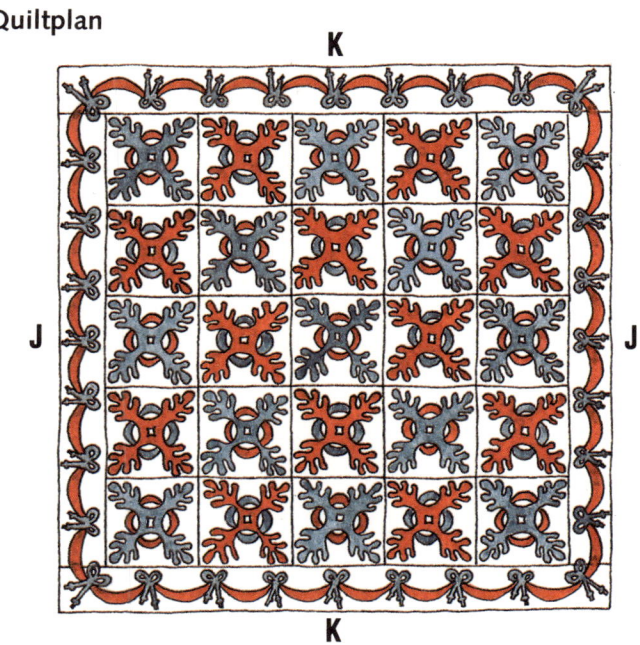

8 Die Blöcke in Reihen zusammennähen.

9 Die Reihen zusammennähen; auf ein exaktes Zusammentreffen der Nähte achten.

Applizierte Umrandung

10 Eine **J** Umrandung an den beiden Seiten der zusammengesetzten und applizierten Quiltvorderseite annähen.

11 Eine **K** Umrandung an den oberen und unteren Rand der Quiltvorderseite annähen.

12 Die **C** Halbmonde auf den Umrandungen auslegen, 8 Stück auf jeder Seite. Die Abstände so gestalten, daß sich die Halbmonde gleichmäßig auf der Umrandung verteilen lassen. Feststecken.

15 Die Stücke **G** und **H** zum Applizieren vorbereiten. Diese Stücke ergeben (mit den restlichen **D** Applikationen) die Quasten und Schleifen für die 4 Ecken des Quilts.

16 Das **D** Stück so in den freien Raum zwischen den Halbmonden in eine Ecke des Quilts legen, wie abgebildet. **G** und **H** unterhalb von **D** anlegen; dabei die Enden der Quastenbänder unter **D** schieben. Mit einem passenden Faden applizieren. Diesen Vorgang für die anderen 3 Ecken wiederholen.

13 Die Stücke **D**, **E** und **F** zum Applizieren vorbereiten. Diese Stücke ergeben die Schleifen mit Quasten für die 4 Seiten des Quilts. Ein **D** Stück so in den freien Raum zwischen den Halbmonden legen, wie in der Abbildung oben rechts gezeigt.

14 **E** und **F** unterhalb von **D** anlegen; die Enden der Quastenbänder unter **D** schieben. Mit einem passenden Faden applizieren. Diesen Vorgang für die übrigen Schleifen und Quasten auf der Quiltumrandung wiederholen. Es bleiben 4 **D** Schleifen für die Quiltecken übrig.

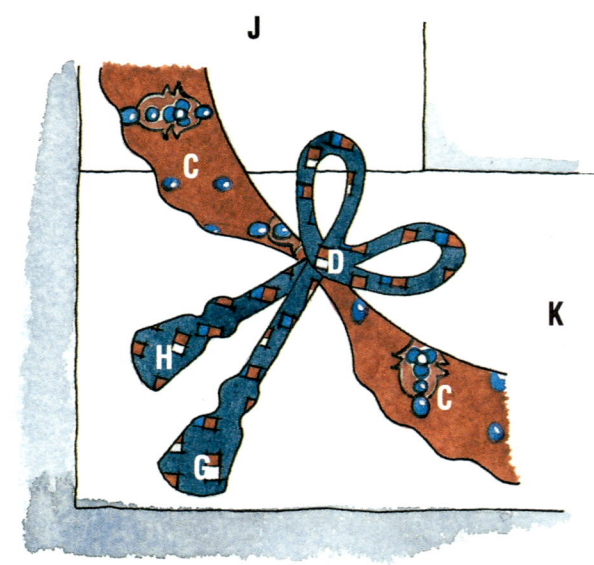

17 Die **C** Halbmonde mit einem passenden Faden auf die Umrandung applizieren.

18 Für die Rückseite des Quilts die beiden Seitenteile an den Längsseiten des Mittelteils annähen. Die Nahtzugaben nach einer Seite umbügeln.

19 Quiltvorderseite, Wattierung und Rückseite nach der Anleitung auf Seite 109 verbinden.

Abschließende Arbeiten

20 Die Außenlinien der Blatt- und Halbmondapplikationen quilten.

21 Schablonen für die Frucht- und Sternmuster (siehe Seite 116) herstellen. Das Fruchtmuster auf die Quiltvorderseite entlang allen horizontalen Nähten übertragen. Die Mitte des Musters liegt in den leicht ovalen Zwischenräumen der Blätter.

22 Das Sternmuster entlang allen vertikalen Nähten übertragen. Die Mitte des Musters liegt in den leicht ovalen Zwischenräumen der Blätter.

23 Frucht- und Sternmuster quilten.

24 Vor dem Quilten der Umrandung müssen die Ränder des Quilts gesäumt werden. Zuerst den Überstand von Quiltvorderseite, Wattierung und Rückseite abschneiden. Die Ränder von Quiltvorderseite und Rückseite 6 mm nach innen falten und mit einem passenden Faden mit Saumstich unsichtbar zusammennähen. Soll der Quilt mit einem Einfaßstreifen versäubert werden, die Umrandung quilten und mit Schritt 27 fortfahren.

25 Die Außenlinien der Schleifen und Halbmonde auf der Umrandung quilten. Bei Verwendung eines Quiltrahmens lange, 15 cm breite Stoffstreifen an den Außenrändern des Quilts festheften, damit er im Reifen besseren Halt hat.

26 Die Umrandung nach Belieben mit diagonalen Parallellinien im Abstand von 13 mm quilten.

27 Wird der Quilt mit einem Einfaßstreifen versäubert, benötigt man 3/8 m des roten oder blauen Stoffes. Aus der gesamten Breite des Stoffes 9 Streifen von je 4 cm Breite zuschneiden und so zusammennähen, daß eine Länge von 11 m erreicht wird. Die Einfassung vorbereiten und am Rand des Quilts annähen (siehe Anleitung auf den Seiten 110–111).

Kleinere Arbeiten

Wer sich noch nicht an einen großen Quilt wagen möchte, kann mit einer der kleineren Arbeiten beginnen. Alle Gegenstände aus dem folgenden Abschnitt können schnell und leicht hergestellt werden. Die Fotos der fertigen Arbeiten zeigen, wie stark das Aussehen der einzelnen Muster von der jeweiligen Farbkombination beeinflußt wird.

Rüschenkissen

Für Fortgeschrittene

Frühlingsstrauß

Größe

Block: 31,7 x 31,7 cm; 1 Block erforderlich
Fertiges Kissen: 45,7 x 45,7 cm, ohne Rüsche

Material

- ◆ ¾ m hellrosa Stoff (einschließlich Stoff für die Rückseite des Kissens)
- ◆ ⅝ m mittelrosa Stoff (einschließlich Stoff für die Rüsche)
- ◆ ⅜ m grüner Stoff (einschließlich Stoff zum Paspelieren)
- ◆ Dunkelrosa Stoffrest
- ◆ Weißer Stoffrest
- ◆ Bedruckter lila Stoffrest
- ◆ Lavendelfarbener Stoffrest
- ◆ Kleiner rosa/weiß bedruckter Stoffrest
- ◆ Gelber Stoffrest
- ◆ Wattierung (47 x 47 cm)
- ◆ 47 x 47 cm glatter Stoff zum Quilten der Vorderseite (dieser Stoff ist innen versteckt)
- ◆ 188 cm Paspelkordel aus Baumwolle
- ◆ 30 cm hellrosa Reißverschluß
- ◆ 46 x 46 cm großes Kissen

Zuschneiden

Anmerkung: Alle Maße enthalten eine 6-mm-Nahtzugabe; die Schablonen sind ohne Nahtzugabe. Schablonen in Originalgröße siehe Seiten 112–113.
Rückseite des Kissens: Aus dem hellrosa Stoff ein Stück mit 47 x 42 cm und ein Stück mit 47 x 7,6 cm zuschneiden.
Hintergrundquadrat: 33 x 33 cm hellrosa Stoff.
Dreiecke für die Ecken: Aus dem hellrosa Stoff 2 Quadrate, je 25 x 25 cm, zuschneiden. Die Quadrate diagonal so halbieren, daß 4 gleiche Dreiecke für die Ecken entstehen.
Rüsche: Aus der gesamten Breite des mittelrosa Stoffes 3 Streifen von je 15,2 cm Breite zuschneiden.

Paspel: Aus der gesamten Breite des grünen Stoffes 2 Streifen von je 2,55 cm Breite zuschneiden und so zusammennähen, daß eine Länge von 188 cm erreicht wird.
Schrägstreifen für die Stengel: Aus dem grünen Stoff 6 Stengel schräg zuschneiden, dabei die Maße der nachfolgenden Tabelle befolgen. Insgesamt wird ein Schrägstreifen von 47 cm Länge benötigt.

Stengel	Länge
1	8,2 cm
2	14,6 cm
3	13,3 cm
4	3,8 cm
5	2,5 cm
6	4,4 cm

Block: Musterstück	Anzahl der Stücke
A	1 lila bedruckt
B	5 dunkelrosa
C	1 grün
D	1 grün
	6 weiß
E	4 grün
F	1 lavendel
G	1 mittelrosa
H	1 weiß
J	1 lavendel
K	1 rosa/weiß bedruckt
L	1 gelb
	1 mittelrosa
M	2 gelb
N	1 mittelrosa

Applizieren

1 Einen Block mit Frühlingsstrauß gemäß der Anleitung auf den Seiten 16–19 applizieren.

2 Den Block auf einer großen, ebenen Fläche auslegen; die Dreiecke für die Ecken, wie im **Nähschema** abgebildet, plazieren.

3 Je 1 Eckdreieck an zwei gegenüberliegende Seiten des Blocks annähen, dann die übrigen beiden Dreiecke an den Block nähen.

Zusammennähen

4 Kissenvorderseite, Wattierung und Quiltstoff nach der Anleitung auf Seite 109 verbinden.

5 Die Außenlinien der applizierten Teile quilten. In der Naht der angesetzten Dreiecke ebenfalls Quiltstiche anbringen.

6 Eine vollständige Vorlage der **B** Blume mit Mittelstück in Originalgröße abpausen; beim Abpausen die Blütenblätter

Nähschema

mit dem Mittelstück der Blume verbinden, so daß ein zusammenhängendes Muster entsteht. Gemäß der Anleitung auf Seite 110 eine Schablone anfertigen. In die Mitte jedes Eckdreiecks mit Hilfe der Schablone (Seite 114) die Konturen des Musters übertragen.

7 Entlang den markierten Blumenkonturen quilten.

8 Die Paspel gemäß der Anleitung auf Seite 111 an der Kissenvorderseite annähen.

9 Für die Rüsche die kurzen Enden der 15,2 cm breiten Streifen zusammennähen, so daß ein geschlossener Stoffkreis entsteht; die Naht ausbügeln. Den Streifen in der gesamten Länge falten, und zwar links auf links, die Schnittkanten genau aufeinander; bügeln.

10 Den Stoffstreifen in der Hälfte zusammenlegen und jede der 4 Falten mit Stecknadeln markieren. Wieder öffnen. Mit der Maschine rundum 2 parallele Reihen Heftstiche in 6 mm und 3 mm Entfernung von den unversäuberten Rändern anbringen, dabei vor und nach jeder

Stecknadel ein paar Stiche auslassen. Die Heftstiche vorsichtig zusammenziehen und die Rüsche in 4 gleichmäßigen Abschnitten zu je 45,7 cm zu kräuseln.

11 Die Rüsche auf der rechten Seite des Kissenvorderteils so anlegen, daß die Stecknadeln auf die Ecken treffen. Die Rüsche am Kissen feststecken und dabei auf eine gleichmäßige Verteilung der Kräusel achten. An jeder Ecke eine großzügige Falte lassen.

Rückseite des Kissens

12 Die Längsseiten der beiden Stoffteile rechts auf rechts und kantengleich mit einer 13 mm breiten Naht zusammennähen. Dabei auf den ersten 8,2 cm normale Stichlänge, auf den nächsten 30,4 cm Heftstiche und auf den letzten 8,2 cm wieder normale Stichlänge verwenden. Die Nahtzugabe ausbügeln.

13 Gemäß der Anleitung auf Seite 111 den Reißverschluß in den gehefteten Teil der Naht einnähen.

Abschließende Arbeiten

14 Kissenrückseite und Vorderseite rundum rechts auf rechts zusammenstecken, die unversäuberten Kanten liegen bündig aufeinander. Rüsche und Paspel dazwischenstecken. (Den Reißverschluß ein Stück offen lassen, damit der Bezug leichter auf die rechte Seite gewendet werden kann.)

15 Die Teile mit einem Reißverschlußfüßchen der Nähmaschine zusammennähen; dabei möglichst nahe am Paspelband arbeiten.

16 Auf die rechte Seite drehen und ein Kissen hineinstecken; darauf achten, daß auch die Ecken genau ausgefüllt sind.

Platzdecke/Set
Für Fortgeschrittene

Art-Deko-Fächer

Größe

Block: 19 x 19 cm; 1 Block erforderlich
Fertige Platzdecke: 25,4 x 40,6 cm

Material
(für 1 Platzdecke mit Serviette)

♦ $^3/_4$ m hellgelber Stoff (einschließlich Stoff für die Rückseite der Platzdecke und die Serviette)
♦ $^1/_4$ m marineblauer Karostoff
♦ Reste von drei marineblau gemusterten Stoffen
♦ Reste von drei gelb gemusterten Stoffen
♦ $^1/_8$ m einfarbig marineblauer Stoff für die Einfassung
♦ 26,6 x 42 cm Wattierung

Zuschneiden

Anmerkung: Alle Maße enthalten eine 6-mm-Nahtzugabe; die Schablonen sind ohne Nahtzugabe. Schablonen in Originalgröße siehe Seite 123.
F: 7,6 x 20,3 cm marineblauer Karostoff.
G: 22,8 x 26,6 cm marineblauer Karostoff.
Rückseite: 26,6 x 42 cm hellgelber Stoff.
Einfassung: Aus der gesamten Breite des marineblauen Stoffes 2 Streifen von je 4 cm Breite ausschneiden und so zusammennähen, daß eine Länge von 1 $^1/_2$ m erreicht wird.
Serviette: 26,6 x 26,6 cm hellgelber Stoff.

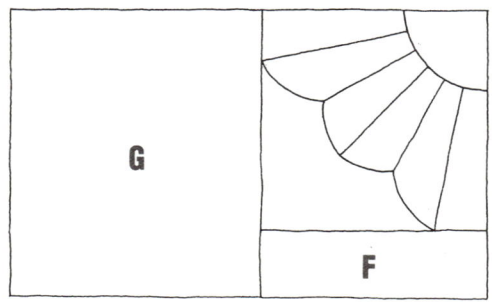

Art-Deko-Fächerblock:

Musterstück	Anzahl der Stücke
A	1 marineblau bedruckt
A (U)	1 gelb bedruckt
B	1 gelb bedruckt
B (U)	1 marineblau bedruckt
C	1 marineblau bedruckt
C (U)	1 gelb bedruckt
D	1 hellgelb
E	1 marineblau kariert

Nähschema

Zusammensetzen

1 Das Patchwork des Art-Deko-Fächerblocks zusammensetzen, wie auf den Seiten 22–23 beschrieben.

2 Das **F** wie im **Nähschema** am unteren Rand des Patchwork-Fächerblocks festnähen.

3 Das **G** an der Seite des Blocks annähen und damit die Vorderseite der Platzdecke fertigstellen.

Zusammennähen

4 Vorderseite, Wattierung und den Stoff für die Rückseite nach der Anleitung auf Seite 109 verbinden.

5 Den Block gemäß den Quiltlinien auf den Schablonen quilten.

6 Den Linien des Karostoffes folgen, um die **F** und **G** Stücke zu quilten. Es können beliebig viele Quiltlinien angebracht werden, vorausgesetzt, daß nicht mehr als 5 cm ungesteppt bleiben.

7 Die Platzdecke mit dem Einfaßstreifen versäubern; siehe Seiten 110–111.

Serviette

8 Die unversäuberten Ränder des hellgelben Stoffquadrats 3 mm auf die linke Seite falten und bügeln. Nochmals falten, dabei die unversäuberten Ränder einschließen; bügeln. Knappkantig steppen.

Topflappen
Für Anfänger

Kaktuskorb

Größe

Topflappen: 25,4 x 25,4 cm; 1 Block erforderlich

Material

Anmerkung: Bei diesem Stück können Stoffreste Verwendung finden. Der größte Rest, der benötigt wird, ist ein Quadrat von 25,4 x 25,4 cm für die Rückseite des Topflappens; am besten eignet sich ein hitzebeständiger Stoff. Man kann den hier abgebildeten Kaktuskorb herstellen oder irgendein anderes Blockmuster aus diesem Buch verwenden. Wird ein anderes Blockmuster nachgearbeitet, müssen die Maße von Rückseite, Wattierung und Einfassung entsprechend angepaßt werden. Schablonen in Originalgröße siehe Seite 115.

♦ Stoffreste aus mehreren farblich zueinander passenden 100 %-Baumwollstoffen
♦ Passende Stoffreste für die Einfassung: so viele 4 cm breite Streifen zuschneiden und zusammennähen, daß eine Länge von 1 ¼ m erreicht wird.
♦ 25,4 x 25,4 cm hitzebeständiger Stoff für die Rückseite des Topflappens
♦ 2 Stücke Wattierung aus 100 % Baumwolle oder Wolle, je 25,4 x 25,4 cm

Zusammensetzen oder Applizieren

1 Die Einzelteile eines Blocks nach Anleitung für das jeweilige Muster zusammensetzen oder applizieren; Block sorgfältig bügeln.

2 Das Quadrat für die Rückseite mit der linken Seite nach oben auf eine flache Unterlage legen.

3 Die beiden Stücke Wattierung auf den Stoff legen; dann den Block mit der rechten Seite nach oben auf die Wattierung legen.

4 Die Lagen fest zusammenstecken oder -heften; dann den Block von Hand oder mit der Maschine quilten.

5 Entsprechend der Anleitung auf Seite 110 den Topflappen mit einem Einfaßstreifen versäubern; dabei an einer Ecke, nicht in der Mitte eines Seitenrandes beginnen.

6 Wenn alle Ränder des Topflappens eingefaßt und damit versäubert sind, verbleibt ein Rest des Einfaßstreifens, der über die Ausgangsecke hinausragt. Diese langen, gebügelten Kanten mit der Maschine der Länge nach zusammennähen und das unversäuberte Ende zweimal umfalten.

7 Das gefaltete Ende auf der Rückseite des Topflappens festnähen, so daß ein Aufhänger entsteht.

Nähschema

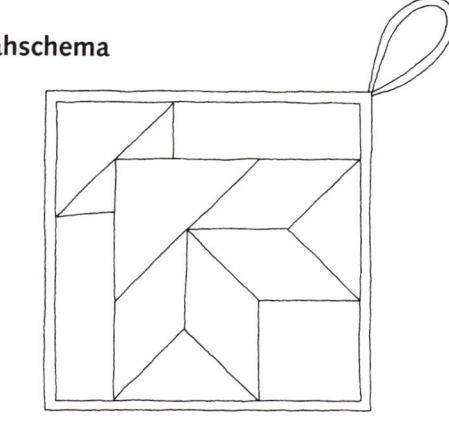

Babyquilt
Für Anfänger mit etwas Erfahrung

Liebesapfel

Größe

Fertiger Quilt: 109 x 109 cm

Material

- 2 ½ m in sich gemusterter weißer Stoff (einschließlich Stoff für die Quiltrückseite)
- ¾ m grüner Stoff (einschließlich Stoff für die Einfassung)
- ¼ m orangeroter Stoff
- ¼ m kräftig oranger Stoff
- ¼ m helloranger Stoff
- Golden gemusterter Stoffrest
- Hellgelber Stoffrest
- 110,4 x 110,4 cm Wattierung

Zuschneiden

Anmerkung: Alle Maße enthalten eine 6-mm-Nahtzugabe; die Schablonen sind ohne Nahtzugabe. Schablonen in Originalgröße siehe Seite 122.
Vorder- und Rückseite des Quilts:
2 Stücke weißer Stoff, je 110,4 x 110,4 cm.

Einfassung: Aus der gesamten Breite des grünen Stoffes 4 Streifen von je 4 cm Breite zuschneiden und so zusammennähen, daß eine Länge von 5 m erreicht wird.

Liebesapfel-Applikationen:

Musterstück	Anzahl der Stücke
A	5 hellorange
B	6 grün
C	8 golden gemustert
	16 hellorange
D	8 kräftig orange
	16 orangerot
E	12 grün
E (U)	12 grün
F	24 grün
G	5 hellgelb

Applizieren

Anmerkung: Dieser Babyquilt verwendet Elemente aus dem großen Quilt mit Liebesapfel, ordnet diese aber auf andere Weise an. Siehe **Nähschema** auf der rechten Seite.

1 Die Anleitung auf den Seiten 26–29 für das Applizieren eines Blocks mit Liebesapfel lesen. Alle Teile wie beschrieben vorbereiten.

2 Die Unterlage für die Applikation vorbereiten. Ein quadratisches Stück Stoff (für die Vorderseite des Quilts) horizontal und vertikal in der Mitte falten und bügeln. Den Stoff wieder aufklappen und jede der beiden Falten mit Heftstichen markieren. Die Unterlage bügeln, um die Falten zu entfernen. Dann die Unterlage diagonal in jede Richtung falten, bügeln und auch diese Falten mit Heftstichen markieren. Die Falten wieder ausbügeln.

3 Ausgehend vom Mittelpunkt (dem Kreuzungspunkt der gehefteten Linien) auf der horizontalen und der vertikalen Markierungslinie 30 cm abmessen und je ein X für die Plazierung der **A** Applikationen anbringen. Über jedes X eine **A** Blüte legen und heften.

4 Die verbleibende **A** Blüte in die Mitte des Hintergrundes direkt über den Kreuzungspunkt der gehefteten Linien legen und heften. Dann alle Blüten mit einem passenden Faden applizieren.

5 Auf dem Hintergrund 2 **B** Applikationen über und unter der mittleren **A** Blüte auflegen, wobei die Mitte jedes **B** zwischen der oberen und der unteren Blüte liegt. Die **B** Teile entlang der Mitte heften.

6 Die **B** Applikationen in den Ecken positionieren: Ausgehend von der Ecke, auf der diagonalen Heftlinie 43 cm abmessen und mit einem X markieren. Die genaue Mitte eines **B** Stengels auf das X legen, wobei die Enden des Stengels sich zur Ecke hin biegen; siehe **Nähschema**. Den **B** Stengel entlang der Mitte heften. Vorgang bei den anderen 3 Ecken wiederholen.

7 Die golden gemusterten **C** Stücke auf jede Seite der Spitzen der beiden **mittleren B** Stengel legen; dabei die inneren gebogenen Ränder von **C** unter **B** schieben. Feststecken. Die hellorangen **C** Stücke auf die gleiche Weise um die **B** **Eck**stengel plazieren.

8 Die kräftig orangen **D** Applikationen auf jede Seite der **mittleren C** Stücke anlegen; dabei die inneren gebogenen Ränder von **D** unter **C** schieben. Feststecken. Die orangeroten **D** Applikationen auf die gleiche Weise um die **C Eck**stücke plazieren.

9 Nun die **E** Blätter auf jeder Seite jedes **D** Stücks anlegen; dabei die inneren gebogenen Ränder von **E** unter **D** schieben. Die **C**, **D** und **E** Stücke mit einem passenden Faden applizieren.

10 Die **F** Blätter auf jeder Seite der **B** Stengel auslegen und ausrichten, wie abgebildet; heften. Die **F** und **B** Stücke mit einem passenden Faden applizieren. **G** in die Mitte jeder **A** Blüte legen und applizieren.

Zusammennähen

11 Vorderseite des Babyquilts, Wattierung und Rückseite nach der Anleitung auf Seite 109 verbinden.

12 Die Außenlinien von Liebesapfel, Stengel- und Blattapplikationen quilten; auch die Innenlinie der Applikationen quilten; dabei den Linien auf den Schablonen folgen.

13 Den weißen Hintergrund des Quilts steppen. Mit Bleistift oder Kreide die gegenüberliegenden Ecken des Quilts durch eine gerade Diagonale verbinden. (Striche nicht auf den Applikationen ziehen, sondern nur zwischen ihnen auf dem weißen Hintergrund.) Entlang der Markierungslinie quilten; dann links und rechts der Diagonale parallele Linien im Abstand von 2,5 cm quilten. **Nach Belieben:** Für ein Karomuster (hier nicht abgebildet) ebensolche Linien in entgegengesetzter Richtung quilten.

14 Den Quilt mit dem Einfaßstreifen versäubern; siehe Seiten 110–111.

Nähschema

Schoßquilt/Plaid
Für Geübte

Sonnenblumen

Größe

Block: 24 x 24 cm; 4 Blöcke erforderlich
Fertiger Quilt: 78,7 x 78,7 cm

Material

- ♦ 1 5/8 m grün gemusterter Stoff (einschließlich Stoff für die Quiltrückseite)
- ♦ 1/4 m golden gemusterter Stoff (einschließlich Stoff für die Einfassung)
- ♦ 1/4 m goldener Unistoff
- ♦ 1/4 m braun gemusterter Stoff
- ♦ 1/8 m rostfarbener Stoff
- ♦ 80 x 80 cm Wattierung

Zuschneiden

Anmerkung: Alle Maße enthalten eine 6-mm-Nahtzugabe; die Schablonen sind ohne Nahtzugabe. Schablonen in Originalgröße siehe Seite 119.

Quiltrückseite: 80 x 80 cm grün gemusterter Stoff.
Umrandungen: Aus dem grün gemusterten Stoff 2 **E** Streifen, je 11,4 x 25,4 cm; 3 **J** Streifen, je 11,4 x 59,6 cm; 2 **K** Streifen, je 11,4 x 80 cm, zuschneiden.
Einfassung: Aus der gesamten Breite des golden gemusterten Stoffes 3 Streifen von je 4 cm Breite zuschneiden und so zusammennähen, daß eine Länge von 3 3/4 m erreicht wird.

Sonnenblumenblöcke: (Anzahl der Stücke für einen Einzelblock ist in Klammern angegeben.)

Muster-stück	Anzahl der Stücke	
A	(8)	32 golden gemustert
	(8)	32 golden uni
	(16)	64 rostfarben
B	(8)	32 golden uni
C	(4)	16 grün gemustert
D	(1)	4 braun gemustert

Zusammensetzen

1 Die Teile für einen Sonnenblumenblock auf einer ebenen Fläche auslegen, dabei umgeben die golden gemusterten **A** Stücke das mittlere **D** Achteck. Die rostfarbenen **A** Stücke als Spitzen der Blüte anlegen und die goldenen Uniteile an den Außenkanten des Patchworks anordnen. Die Teile nach der Anleitung auf den Seiten 34–35 zusammennähen. Den Vorgang für die anderen 3 Blöcke wiederholen; dabei die Farben genauso anordnen.

2 Die Blöcke zusammen mit den **E, J** und **K** Streifen für die Umrandung nach dem **Nähschema** auf einer ebenen Fläche auslegen.

3 Einen **E** Streifen zwischen die Blockpaare nähen, so daß zwei vertikale Streifen entstehen.

4 Je 1 vertikalen Streifen an die langen Seiten eines **J** Streifens annähen.

5 Am oberen und unteren Rand des Patchworkteils je 1 **J** Streifen annähen.

6 An beide Seiten einen **K** Streifen annähen; damit ist die Vorderseite des Quilts fertig.

Zusammennähen

7 Vorderseite, Wattierung und Rückseite nach der Anleitung auf Seite 109 verbinden.

8 Die Außenlinien jedes Blocks quilten. Eine zweite Linie in 13 mm Entfernung vom Außenrand jedes Blocks quilten.

9 Die Stern- und Umrandungsmuster auf den Seiten 118–119 abpausen; nach der Anleitung auf Seite 110 für jedes Muster eine Schablone herstellen.

10 Den kleinen Stern genau in die Mitte des kleinen Quilts übertragen.

11 Den großen Stern auf die Mitte eines jeden Patchworkblocks übertragen; dabei die 4 großen Spitzen des Sterns so ausrichten, daß sie mit den 4 Ecken des Blocks korrespondieren.

12 Das Muster für die Umrandung auf die gesamte äußere Umrandung übertragen. Einen Abschnitt des Musters auf jeden Streifen der inneren Blockumrandung (**E** und **J**) übertragen; das Muster direkt an den Stern anschließen.

13 Die markierten Muster quilten. Innerhalb des gequilteten Kreises in jedem **D** Stück eine meanderartig gewundene Linie quilten.

14 Abschließend in 13 mm und in 2,5 cm Entfernung vom Außenrand quilten.

15 Den kleinen Quilt mit dem golden gemusterten Einfaßstreifen versäubern; siehe Anleitung auf den Seiten 110–111.

Nähschema

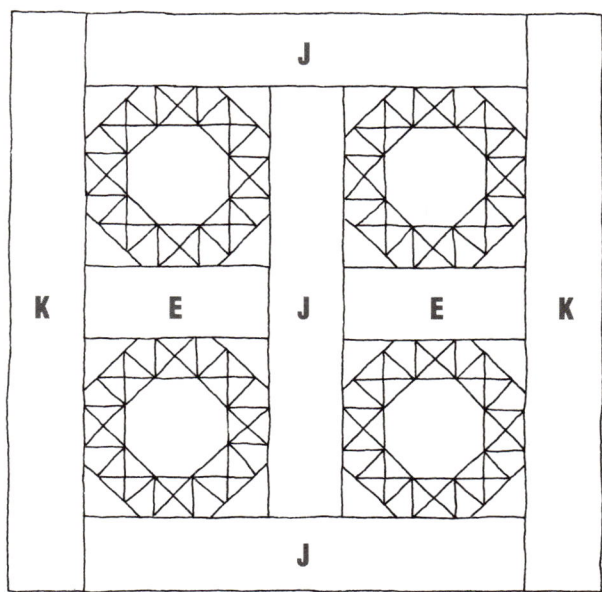

89

Einkaufstasche
Für Fortgeschrittene

Regenbogen-Schulhäuser

Größe

Block: 22,8 x 22,8 cm; 1 Block erforderlich
Fertige Tasche: Etwa 40,6 x 40,6 cm

Material

- 1 m schwarzer Stoff (einschließlich Stoff für die Rückseite der Tasche und Trageriemen)
- ⅝ m roter Unistoff (für das Futter)
- ¼ m rot bedruckter Stoff
- ¼ m (oder großer Stoffrest) gelber Stoff
- ⅝ m einfacher Stoff zum Quilten (dieser Stoff wird durch das Futter verdeckt)
- 2 Stücke Wattierung, je 50,8 x 45,7 cm
- 2 Streifen Vlieseline zum Aufbügeln, je 8,8 x 71 cm
- 1 ⅛ m rote Zackenlitze (nach Belieben)

Zuschneiden

Anmerkung: Alle Maße enthalten eine 6-mm-Nahtzugabe; die Schablonen sind ohne Nahtzugabe. Schablonen in Originalgröße siehe Seiten 120–121.
W Streifen: 4 Streifen schwarzer Stoff, je 3,8 x 24,1 cm.
Rückseite: 40,6 x 40,6 cm schwarzer Stoff.
Seitenteile: 4 Streifen schwarzer Stoff, je 6,3 x 40,6 cm.
Bodenteile: 2 Streifen schwarzer Stoff, je 6,3 x 50,8 cm.
Einfacher Stoff zum Quilten: 2 Stücke, je 50,8 x 45,7 cm.
Futter: 2 Stücke roter Unistoff, je 50,8 x 45,7 cm.

Trageriemen: 2 Streifen schwarzer Stoff, je 7,6 x 71 cm.

Schulhausblock:

Musterstück	Anzahl der Stücke
A	1 schwarz
B	2 rot
C	2 schwarz
D	1 rot
E	1 schwarz
E (U)	1 schwarz
F	1 rot
G	1 schwarz
H	2 schwarz
J	4 rot
K	3 rot
L	2 rot
	2 schwarz

90

M	1 rot
N	2 rot
	2 schwarz
O	1 schwarz
P	2 rot
Q	1 rot

Blockumrandung:

R	4 schwarz
S	32 gelb
T	4 gelb
W	4 schwarz
X	8 schwarz
Y	4 schwarz

Zusammensetzen

1 Den Schulhausblock und 4 **S-R-S** Umrandungsstreifen nach der Anleitung auf den Seiten 60–62 zusammensetzen.

2 Den Block auf einer ebenen Fläche auslegen. Die Umrandungsstreifen anordnen, wie im **Nähschema Vorderseite** gezeigt, und an die rechte und linke Blockseite annähen.

3 Je 1 **T** Quadrat an jedes Ende der verbleibenden 2 **S-R-S** Streifen annähen und die Streifen am oberen und unteren Rand des Blocks annähen.

4 Ein **S-X-S** Teil herstellen, dafür je ein **S** Dreieck an die beiden schrägen Kanten des **X** Dreiecks nähen. Vorgang siebenmal wiederholen für insgesamt 8 **S-X-S** Teile.

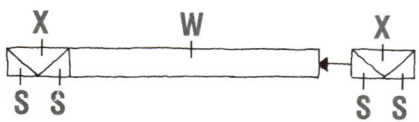

5 Nun ein **S-X-S** Teil an jedes Ende der 4 **W** Streifen annähen.

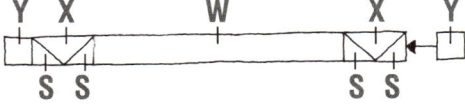

6 Je 1 dieser Streifen an die rechte und linke Seite des Patchworkblocks annähen; auf ein korrektes Zusammentreffen der Nähte achten.

7 Ein **Y** Quadrat an jedes Ende der verbleibenden beiden Streifen annähen.

8 Diese Streifen am oberen und unteren Rand des Patchworks nähen.

9 Je 1 Seitenteil an den beiden Seiten des Vorderteils der Tasche nähen.

10 Je 1 Seitenteil entsprechend an die Rückseite der Tasche nähen.

11 Die Bodenteile an der Vorder- und Rückseite der Tasche festnähen.

Quilten

12 Vorderseite der Tasche, Wattierung und einfachen Stoff zum Quilten nach der Anleitung auf Seite 109 verbinden.

13 Das Patchwork nach dem **Quiltschema** auf Seite 121 quilten. Die Außenlinien der Sterne quilten, dann in der Naht der verbleibenden Nahtlinien. Blüten- und Blattmuster auf die **R** Umrandungsstreifen quilten; die Blüten nur in der Mitte der **T** Quadrate quilten. **Nach Belieben:** Das Blüten- und Blattmuster auch auf jedes der beiden Seitenteile der Tasche quilten.

Nähschema Vorderseite

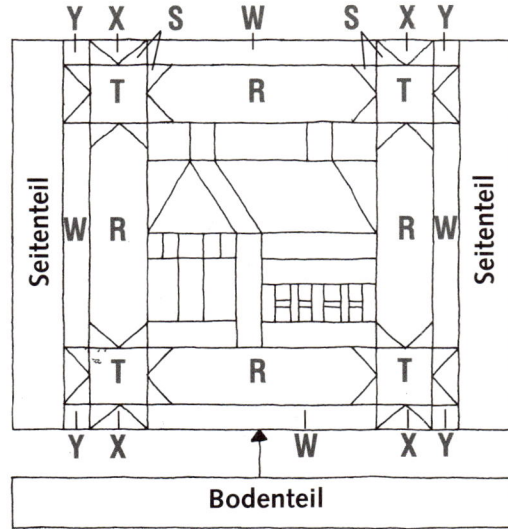

Nähschema Rückseite

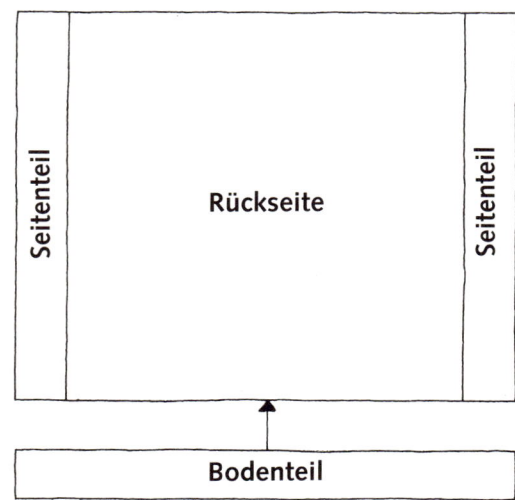

14 Rückseite der Tasche, Wattierung und einfachen Stoff zum Quilten verbinden.

15 Die quadratische Rückseite der Tasche mit horizontalen und vertikalen Linien im Abstand von 2,5 cm quilten, so daß die Quiltlinien das in der Abbildung bei Schritt 23 gezeigte Schachbrettmuster bilden. Nach Belieben kann man ein anderes Muster auf die Rückseite quilten. Auch in der Naht zwischen Rückseite und Seiten- beziehungsweise Bodenteilen quilten. **Nach Belieben:** Das Blüten- und Blattmuster auf jedes Seitenteil quilten.

Zusammennähen

16 Die Vorderseite der Tasche rechts auf rechts mit der Rückseite zusammenstecken; dabei liegen die noch unversäuberten Kanten bündig aufeinander; die Teile mit einer 6 mm breiten Naht verbinden; die Enden durch Rückstiche sichern. Am oberen Rand beginnen und zur unteren Ecke nähen. Das Nähgut an der Ecke um die Nadel drehen und die Bodenteile zusammenzunähen; an der gegenüberliegenden Ecke hinauf zum oberen Rand die Naht beenden.

17 Die Naht entlang dem Bodenteil mit den Fingern auffalzen. Die Tasche an einer Bodenecke wie in der Abbildung ausrichten, so daß ein Dreieck entsteht. Quer

über das Dreieck nähen, die Nahtlinie soll 10 cm lang sein (auf diese Weise entsteht ein Zwickel am Unterteil der Tasche). Vorgang an der anderen Bodenecke wiederholen.

Futter

18 Die Futterteile rechts auf rechts zusammenlegen; die unversäuberten Kanten liegen bündig aufeinander, die 45,7-cm-Kanten liegen auf der Seite. Die Futterteile zusammennähen, wie in Schritt 16 beschrieben. Entlang dem Unterteil Zwickel nähen, wie in Schritt 17 beschrieben.

19 Die unversäuberten oberen Kanten des Futters 6 mm auf die linke Seite falten und bügeln; heften. Das Futter wenden.

20 Die unversäuberten oberen Ränder der Tasche 6 mm auf die linke Seite falten und heften. Die linke Seite der Tasche sollte außen sein.

21 Das Futter über die Tasche stülpen; darauf achten, daß die Seitennähte aufeinanderliegen. Das Futter am oberen Rand der Tasche feststecken, dabei die umgeschlagenen Ränder genau aufeinanderlegen. Mit einem passenden Faden und Saumstich zusammennähen. Die Heftstiche entfernen. Die Tasche auf die rechte Seite wenden; dabei das Futter sorgfältig in die Tasche stecken. Das Futter in den Ecken am Bodenteil der Tasche festnähen, damit es nicht verrutschen kann.

Abschließende Arbeiten

22 Für die Trageriemen je einen Streifen Vlieseline auf die linke Seite jedes Stoffstreifens legen; aufbügeln. Jeden Streifen der Länge nach rechts auf rechts in der Mitte falten und die Längsseiten sowie ei-

ne kurze Seite zusammennähen. Die Streifen auf die rechte Seite wenden (mit Hilfe eines langen Kochlöffelstiels geht das ganz leicht) und bügeln. Die unversäuberten Kanten nach innen falten und zusammennähen.

23 Die Enden der Trageriemen an der Innenseite der Tasche nahe dem oberen Rand feststecken und dabei die bequemste Trageposition ermitteln. Die Riemen nach Bedarf anpassen und die Enden im Innern der Tasche fest annähen.

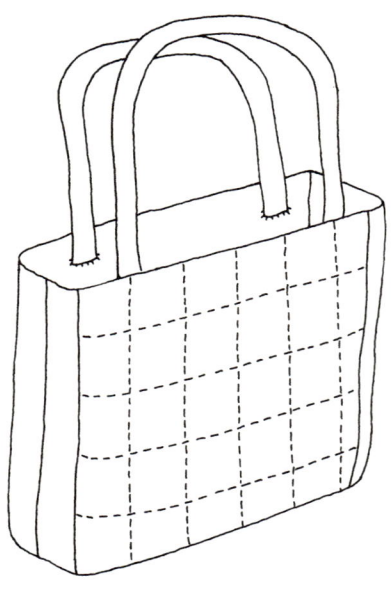

24 Als dekorativen Abschluß eine Zackenlitze an der Innenseite der Tasche nahe am oberen Rand feststecken und mit Saumstichen annähen.

25 Um den Seitenrändern der Tasche einen gewissen Pfiff zu verleihen, die Stoffteile entlang der Seitennähte zusammendrücken und von oben nach unten mit groben Stichen zusammennähen.

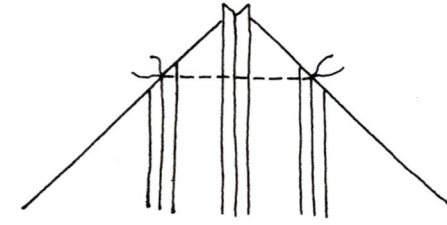

Eingerahmter Block
Für alle Quilter geeignet

Sommerbeeren

Größe

Abhängig von der Größe des gewählten Quiltblocks; 1 Block erforderlich

Material

♦ Siehe Materialliste für den gewählten Block; vermutlich reichen große Stoffreste in den jeweils angegebenen Farben.
♦ Etwa $1/4$ m passender Stoff für die Umrandung des Blocks
♦ Einfacher Stoff als Hintergrund zum Quilten des Blocks
♦ Wattierung entsprechend der Größe des Blocks plus 15,2 cm

Zuschneiden

Anmerkung: Alle Maße enthalten eine 6-mm-Nahtzugabe; die Schablonen sind ohne Nahtzugabe. Schablonen in Originalgröße für die Sommerbeeren siehe Seite 121.

Umrandung: Aus der gesamten Breite des Stoffes 4 Streifen von je 7,6 cm Breite zuschneiden, so lang wie der Block plus 15,2 cm.

Rückseite (zum Quilten): Den einfachen Stoff auf die Größe des Blocks plus 15,2 cm auf jeder Seite zuschneiden.

Zusammensetzen oder Applizieren

1 Einen der Blöcke dieses Buches in beliebigen Farben und Stoffen nach der jeweiligen Anleitung zusammensetzen oder applizieren.

2 An den beiden Seiten des Blocks die Umrandung annähen, jeweils exakt Mittelpunkt an Mittelpunkt angelegt.

3 Die Umrandung am oberen und unteren Rand des Blocks auf die gleiche Weise annähen. Diagonale Ecken gemäß Anleitung auf Seite 109 arbeiten.

Zusammennähen

4 Block, Wattierung und einfachen Stoff für die Rückseite gemäß der Anleitung auf Seite 109 verbinden.

5 Den Block gemäß der jeweiligen Anleitung quilten. Die Außenlinien der Nähte der Umrandung quilten.

6 Den Quiltblock von einem Fachmann rahmen lassen oder aber das notwendige Zubehör kaufen und selbst rahmen. Wenn der Stoff durch Glas geschützt werden soll, sicherstellen, daß das Glas das Textilteil nicht berührt.

Nähschema

Kissen
Für Anfänger

Vögel im Flug

Größe

Block: 15,2 x 15,2 cm; 4 Blöcke erforderlich
Fertiges Kissen: 40,6 x 40,6 cm

Material

- ♦ ³⁄₈ m heller Stoff (einschließlich Stoff zum Paspelieren)
- ♦ ¹⁄₂ m dunkelblauer Stoff (einschließlich Stoff für die Rückseite des Kissens)
- ♦ Reste von drei farblich passenden Stoffen
- ♦ 42 x 42 cm Wattierung
- ♦ 42 x 42 cm einfacher Stoff zum Quilten der Kissenvorderseite (dieser Stoff liegt auf der Innenseite des Kissens)
- ♦ 2 m Paspelkordel aus Baumwolle
- ♦ 30 cm langer dunkelblauer Reißverschluß
- ♦ 40 x 40 cm großes Kissen

Zuschneiden

Anmerkung: Alle Maße enthalten eine 6-mm-Nahtzugabe; die Schablonen sind ohne Nahtzugabe. Schablonen in Originalgröße siehe Seite 125.

Rückseite des Kissens: Aus dem dunkelblauen Stoff je 1 Stück, 38 x 42 cm und 6,3 x 42 cm groß, zuschneiden.
Umrandung: Aus dem dunkelblauen Stoff 2 **C** Streifen, je 6,3 x 31,7 cm, und 2 **D** Streifen, je 6,3 x 42 cm, zuschneiden.
Paspel: Aus der gesamten Breite des hellen Stoffes 2 Streifen von je 4 cm Breite zuschneiden und so zusammennähen, daß eine Länge von 2 m erreicht wird.

Blöcke: Musterstück	Anzahl der Stücke
A	12 hell
	6 dunkelblau
	6 farblich passend
	6 farblich passend
	6 farblich passend
B	4 hell

Zusammensetzen

1 Die 4 Vögel-im-Flug-Blöcke nach der Anleitung auf den Seiten 50–51 zusammensetzen.

2 Die Blöcke auf einer ebenen Fläche so ausrichten, daß die zusammengesetzten Dreiecke alle die gleiche Richtung haben. Je 2 Blöcke zusammennähen; die Nahtzugaben auseinanderbügeln.

3 Die Blockpaare zusammennähen; auf ein exaktes Zusammentreffen der Nähte achten. Bügeln.

4 Je 1 **C** Umrandung am oberen und unteren Rand des Patchworks annähen; die Nahtzugaben auf das **C** Teil bügeln.

5 Je 1 **D** Umrandung an beiden Seiten des Patchworks annähen; die Nahtzugabe auf das **D** Teil bügeln. Die Kissenvorderseite ist damit fertig.

Zusammennähen

6 Kissenvorderseite, Wattierung und einfachen Stoff zum Quilten gemäß der Anleitung auf Seite 109 verbinden.

7 Das Patchwork der Kissenvorderseite mit horizontalen und vertikalen Linien quilten; dabei den Linien des Patchworks folgen und die Stiche über die **B** Dreiecke fortsetzen.

8 Die Diagonallinien quilten; dabei den Linien des Patchworks folgen und die Stiche über die **B** Dreiecke fortsetzen.

9 Im Abstand von 6 mm vom inneren Rand die gesamte Umrandung quilten; den Vorgang in 13 mm Abstand vom äußeren Rand der Umrandung wiederholen.

Paspelieren

10 Die Paspel gemäß der Anleitung auf Seite 111 an der Kissenvorderseite annähen.

Rückseite des Kissens

11 Die Längsseiten der beiden Stoffteile rechts auf rechts und kantengleich mit einer 13 mm breiten Naht verbinden. Dabei auf den ersten 5,7 cm normale Stichlänge, auf den nächsten 30 cm Heftstiche und auf den letzten 5,7 cm wieder normale Stichlänge verwenden. Die Nahtzugabe ausbügeln.

12 Den Reißverschluß nach der Anleitung auf Seite 111 in den gehefteten Teil der Naht einsetzen.

Abschließende Arbeiten

13 Kissenrückseite und gequiltete Vorderseite rechts auf rechts, die unversäuberten Kanten bündig aufeinander, zusammenstecken; die Paspel dazwischenstecken. (Den Reißverschluß etwas offen lassen, damit der Bezug nach dem Zusammennähen von Vorder- und Rückseite leichter auf die rechte Seite gewendet werden kann.)

14 Die Teile mit dem Reißverschlußfüßchen der Nähmaschine zusammennähen; dabei möglichst nahe am Paspelband arbeiten.

15 Auf die rechte Seite drehen, um die Stiche zu überprüfen. Wenn alles in Ordnung ist, das Kissen wieder wenden und 3 mm von den unversäuberten Kanten entfernt eine weitere Naht anbringen. Die Ecken zurückschneiden. Die Kanten mit Zickzackstichen versäubern.

16 Den Bezug auf die rechte Seite wenden, das Kissen hineinstecken und die Ecken genau ausfüllen. Reißverschluß schließen.

Nähschema

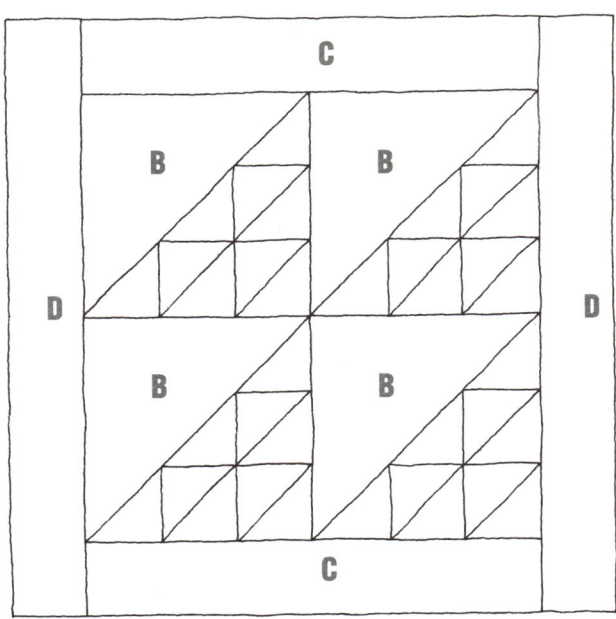

Mitteldecke
Für Geübte

Rosenkranz

Größe

Mitteldecke: 90 cm Durchmesser

Material

♦ 2 m karierter Stoff (einschließlich Stoff für die Rückseite)
♦ 1 m grüner Stoff (einschließlich Stoff für die Einfassung)
♦ $^3/_8$ m roter Stoff
♦ Goldgelber Stoffrest
♦ 91,4 x 91,4 cm Wattierung
♦ Bleistift, Schnur (etwa 96,5 cm lang) und Reißzwecke zur Kreismarkierung

Zuschneiden

Anmerkung: Alle Maße enthalten eine 6-mm-Nahtzugabe; die Schablonen sind ohne Nahtzugabe. Schablonen in Originalgröße siehe Seite 125.
Hintergrundquadrat und Rückseite: 2 Stücke karierter Stoff, je 91,4 x 91,4 cm

Schrägstreifen: Aus dem grünen Stoff ein Quadrat 73,6 x 73,6 cm ausschneiden. Entsprechend der Anleitung auf Seite 108 diagonal 3 cm breite Streifen abschneiden und zusammennähen, bis eine Länge von 4 $^1/_2$ m erreicht ist. Einen 109,2 cm langen Streifen für das **A** Stück abschneiden; diesen Streifen gemäß der Anleitung auf Seite 109 zum Applizieren vorbereiten. Mit dem restlichen Schrägstreifen wird der Außenrand der Mitteldecke versäubert.

Rosenkranzblock:

Muster- stück	Anzahl der Stücke
A	1 grün
B	4 rot
C	8 grün
D	12 grün
D (U)	12 grün
E	16 rot
F	8 grün
G	4 goldgelb

Applizieren

1 Einen Rosenkranzblock gemäß der Anleitung auf den Seiten 54–56 in die Mitte des Hintergrundquadrats applizieren. Die Heftstiche, die den Mittelpunkt des Quadrats markieren, nicht entfernen.

2 Einen Zirkel herstellen, indem man das Ende der Schnur um einen Bleistift wickelt und das andere Ende an einer Reißzwecke befestigt. Die Schnur sollte im gespannten Zustand 91,4 cm ·lang sein. Das applizierte Hintergrundquadrat auf eine ebene Fläche legen; die genaue Mitte mit etwas Zeitung oder Pappe unterlegen. Die Reißzwecke in den Mittelpunkt des Hintergrundquadrats (Kreuzungspunkt der Heftlinien) sowie in die untergelegte Zeitung oder Pappe stecken.

Eine zweite Person hält die Reißzwecke fest, während Sie mit dem Bleistift einen Kreis mit einem Durchmesser von 91,4 cm auf den Stoff zeichnen.

3 Den Stoff entlang der Bleistiftmarkierung ausschneiden. Diesen Stoff als Vorlage für den Zuschnitt von Wattierung und Rückseite verwenden.

Zusammennähen

4 Die applizierte Vorderseite, die Wattierung und die Rückseite zum Quilten dabei die Anleitung auf Seite 109 befolgen.

5 Die Außenlinien aller Applikationen quilten.

6 Beim Quilten des Hintergrunds den Linien des karierten Stoffs folgen. Es können beliebig viele Quiltlinien angebracht werden, vorausgesetzt, daß nicht mehr als 5 cm zwischen den einzelnen Linien ungequiltet bleiben.

7 Nahe dem Außenrand der Mitteldecke 2 Kreislinien zum Quilten markieren. Die erste Linie sollte 7,6 cm, die zweite 15,2 cm von der Außenkante entfernt sein. Nicht auf den Applikationen anzeichnen. Entlang der markierten Linien quilten.

8 Die Mitteldecke gemäß Anleitung auf den Seiten 110–111 mit dem grünen Schrägstreifen versäubern. Auf der rechten Seite sollte nur ein schmaler Rand des Streifens zu sehen sein.

Nähschema

Wandbehang
Für Geübte

Eichenblatt und Spule

Größe

Block: 42 x 42 cm; 1 Block erforderlich
Fertiger Wandbehang: 82,5 x 82,5 cm

Material

- ♦ 2 $\frac{1}{8}$ m weißer Stoff (einschließlich Stoff für die Rückseite des Wandbehangs und für die Aufhängung)
- ♦ $\frac{3}{4}$ m grüner Stoff (einschließlich Stoff für die Einfassung)
- ♦ $\frac{1}{2}$ m rosa Stoff
- ♦ 83,8 x 83,8 cm Wattierung

Zuschneiden

Anmerkung: Alle Maße enthalten eine 6-mm-Nahtzugabe; die Schablonen sind ohne Nahtzugabe. Schablonen in Originalgröße siehe Seiten 116–117.
Rückseite: 83,8 x 83,8 cm weißer Stoff
Hintergrundquadrat: 43 x 43 cm weißer Stoff.
Umrandung: 2 **L** Streifen weißer Stoff, je 21,5 x 43 cm; 2 **M** Streifen weißer Stoff, je 21,5 x 83,8 cm.
Einfassung: Aus der gesamten Breite des grünen Stoffes 3 Streifen von je 4 cm Breite zuschneiden und so zusammennähen, daß eine Länge von 4 m erreicht wird.
Aufhängung: 19 x 83,8 cm weißer Stoff.

Block mit Eichenblatt und Spule:

Musterstück	Anzahl der Stücke
A	4 grün
B	1 rosa

Umrandung:

C	8 grün
D	8 rosa
E	4 rosa
F	4 rosa
G	4 rosa
H	4 rosa

Applizieren

① Einen Block mit Eichenblatt und Spule gemäß der Anleitung auf den Seiten 78–79 applizieren.

② Je 1 **L** Streifen am oberen und unteren Rand des Blocks annähen.

③ Je 1 **M** Streifen an den beiden Seiten des Blocks annähen.

④ Die **C** Halbmonde auf der Umrandung auslegen, dabei jeweils 2 auf jeder Seite des Blocks anordnen. Den Abstand

zwischen den Halbmonden so gestalten, daß sie gleichmäßig auf den Umrandungen verteilt sind. Feststecken.

5 Die **D**, **E**, **F**, **G** und **H** Teile zum Applizieren vorbereiten. Diese Teile umfassen die Schleifen und Quasten zwischen den **C** Halbmonden auf der Umrandung; Plazierung gemäß den Abbildungen auf Seite 80.

6 Die **D**, **E** und **F** Applikationen an den vier Seiten auslegen. **D** auf den Zwischenraum zwischen den Halbmonden anordnen. **E** und **F** unterhalb von **D** anlegen, die Enden unter **D** schieben. Mit einem passenden Faden applizieren. Den Vorgang für die anderen drei Quasten wiederholen.

7 Die **D**, **G**, und **H** Applikationen in die vier Ecken legen. **D** auf dem Zwischenraum zwischen den Halbmonden in einer Ecke anordnen. **G** und **H** unterhalb von **D** anlegen, die Enden unter **D** schieben. Mit einem passenden Faden applizieren. Den Vorgang in den anderen drei Ecken wiederholen.

8 Die **C** Halbmonde mit einem passenden Faden auf die Umrandung applizieren.

Zusammennähen

9 Vorderseite des Wandbehangs, Wattierung und Rückseite gemäß der Anleitung auf Seite 109 verbinden.

10 Die Außenlinien aller Applikationen quilten.

11 Die Bereiche zwischen den Eichenblättern mit drei gebogenen Linien quilten und damit die Kurven der **A** Halbmonde wiederholen. Dann den übrigen Hintergrund mit Reihen gebogener Linien quilten, um auch hier die Biegungen der **C** Halbmonde zu wiederholen.

12 Den Wandbehang gemäß der Anleitung auf den Seiten 110–111 mit dem grünen Einfaßstreifen versäubern.

Aufhängevorrichtung

13 Die Aufhängung vorbereiten; dafür die unversäuberten kurzen Enden zweimal je 3 mm umfalten, bügeln und nähen.

14 Die Längsseiten des Streifens rechts auf rechts zusammennähen; die unversäuberten langen Kanten liegen bündig aufeinander. Auf diese Weise entsteht ein Schlauch. Nahtzugabe ausbügeln.

15 Den Schlauch auf die rechte Seite wenden und so bügeln, daß die Naht in der Mitte einer Seite liegt. Am oberen Rand des Schlauchs eine scharfe Falte einbügeln. Am unteren Rand des Schlauchs die Bügelfalte so anbringen, daß die Oberseite (die Seite ohne Nahtzugabe) 6 mm größer ist als die Seite mit der Naht. Dies gibt beim Einschieben einer Leiste oder Stange etwas Spielraum und verhindert das Ausbauchen des Wandbehangs nach dem Aufhängen.

16 Die Aufhängung auf der Rückseite des Wandbehangs so feststecken, daß die scharfe Bügelfalte mit dem Rand der Einfassung eine Linie bildet. Den oberen und unteren Rand der Aufhängung mit Saumstichen annähen; dabei soll jeder dritte Stich durch die Wattierung und die Vorderseite durchgestochen werden. Darauf achten, daß die rechte Seite der Aufhängung etwas ausbaucht.

17 Eine Leiste aus Holz oder eine Metallstange durch die Aufhängung schieben und aufhängen.

Nähschema

99

Tischläufer
Für Anfänger

Tannenbaum

Größe

Block: 22,8 x 22,8 cm; 3 Blöcke
erforderlich
Fertiger Tischläufer: 33,6 x 97,7 cm

Material

♦ 7/8 m rotkarierter Stoff (einschließlich Stoff für die Rückseite
des Tischläufers)
♦ 3/8 m roter Unistoff

♦ 3/8 m grün gemusterter Stoff (einschließlich Stoff für die Einfassung)
♦ 1/4 m weiß gemusterter Stoff
♦ Brauner Stoffrest
♦ 38 x 109,2 cm Wattierung

Zuschneiden

Anmerkung: Alle Maße enthalten eine
6-mm-Nahtzugabe; die Schablonen sind
ohne Nahtzugabe. Schablonen in Originalgröße siehe Seite 124.

Seitliche T Dreiecke: Aus dem
rotkarierten Stoff ein Quadrat von
35,5 x 35,5 cm zuschneiden und diagonal so durchschneiden, daß 4 gleiche
Dreiecke entstehen.
U Dreiecke für die Ecken: Aus dem
rotkarierten Stoff 2 Quadrate, je
18,4 x 18,4 cm, zuschneiden. Jedes
Quadrat diagonal halbieren, so daß
4 Dreiecke für die Ecken entstehen.
Rückseite des Tischläufers:
33,6 x 99 cm rotkarierter Stoff.

Einfassung: Aus der gesamten Breite des grünen Stoffes 3 Streifen von je 4 cm Breite zuschneiden und so zusammennähen, daß eine Länge von 3 1/4 m erreicht wird.

Tannenbaumblock:

Musterstück	Anzahl der Stücke
A	2 grün
	1 weiß
B	3 rot
B (U)	3 rot
C	4 grün
	2 weiß
D	3 rot
D (U)	3 rot
E	2 grün
	1 weiß
F	3 rot
F (U)	3 rot
G	2 grün
	1 weiß
H	3 rot
H (U)	3 rot
J	3 rot
J (U)	3 rot
K	3 braun
L	3 rot
L (U)	3 rot
M	6 rot

Zusammensetzen

1 Die 3 Tannenbaumblöcke – 1 mit einem weißen Baum, 2 mit grünen Bäumen – nach der Anleitung auf den Seiten 68–69 zusammensetzen.

2 Die 3 Blöcke mit den Dreiecken für die Seiten und Ecken, wie im **Nähschema** abgebildet, auf einer ebenen Fläche auslegen.

3 Je 1 **T** Dreieck an die gegenüberliegenden Seiten (unten links und oben rechts) des Blocks mit dem weißen Baum annähen, der in der Mitte des Tischläufers liegt.

4 An den linken grünen Block ein seitliches **T** Dreieck am oberen rechten Rand annähen, dann je 1 **U** Eckdreieck an die zwei linken Ränder des Blocks annähen.

5 An den rechten grünen Block ein seitliches **T** Dreieck am unteren linken Rand annähen, dann je 1 **U** Eckdreieck an die beiden rechten Ränder des Blocks annähen.

6 Die Streifen zusammennähen; dabei auf ein exaktes Zusammentreffen der Blöcke achten. Damit ist die Vorderseite des Läufers fertig. Sorgfältig bügeln.

Zusammennähen

7 Vorderseite des Tischläufers, Wattierung und rotkarierten Stoff für die Rückseite gemäß der Anleitung auf Seite 109 verbinden.

8 Alle Patchworkteile, die einen Tannenbaumblock bilden, im Abstand von 6 mm von der Naht quilten.

9 In der Naht entlang den Außenrändern der Blöcke quilten. Es kann sein, daß die Stelle, an der sich die Blöcke treffen, leicht ausbaucht; in diesem Fall einige Stiche genau in den Kreuzungspunkten der Nähte anbringen.

10 Dem Muster des rotkarierten Stoffes folgen und die Dreiecke der Seiten und Ecken quilten. Es können beliebig viele Quiltlinien angebracht werden, vorausgesetzt, daß nicht mehr als 5 cm ungequiltet bleiben.

11 Den Tischläufer mit einer grünen Einfassung versäubern; siehe Anleitung auf den Seiten 110–111. Die Ecken sorgfältig diagonal ausformen.

Nähschema

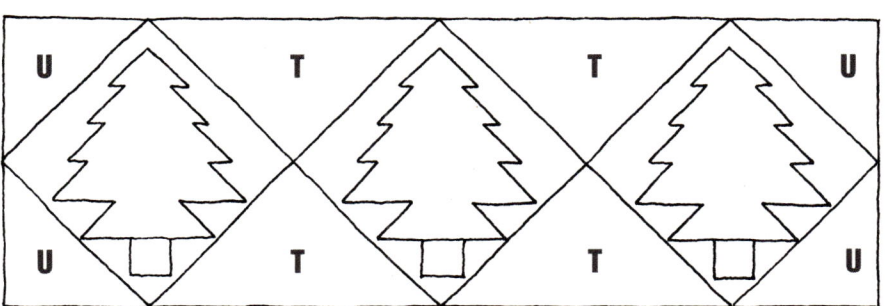

Nikolausstiefel
Für Anfänger

Irische Doppelkette

Größe

Block: 25 x 25 cm; 3 Blöcke erforderlich
Fertiger Nikolausstiefel: etwa 57 cm lang

Material

- ♦ ³/₄ m grüner Stoff (einschließlich Stoff für die Rückseite des Stiefels)
- ♦ ¹/₈ m roter Stoff
- ♦ ¹/₄ m goldener Stoff
- ♦ ³/₄ m Stoff zum Quilten (dieser Stoff befindet sich im Innern des Stiefels)
- ♦ ¹/₄ m passender Stoff für die Einfassung
- ♦ 2 Stücke Wattierung, je 52 x 58,4 cm
- ♦ Stickgarn in einer Kontrastfarbe
- ♦ Schablonen (Maße einschließlich Nahtzugabe):
  - **E:** 16,5 x 26,6 cm
  - **H:** 6,3 x 6,3 cm
  - **J:** 6,3 x 16,5 cm

Zuschneiden

Anmerkung: Anfänger sollten die Einzelteile am besten mit Hilfe von Schablonen ausschneiden. Wer jedoch Erfahrung beim Zuschnitt hat, kann die Elemente dieses Stiefels auch mit Rollschneider und Lineal zuschneiden (oder durch Markieren mit Bleistift und Lineal und Ausschneiden mit der Schere). Alle Streifen müssen 6,3 cm breit sein. Man kann diese Streifen dann in Quadrate (für die **H** Stücke) oder in 16,5 cm lange Teile (für die **J** Stücke) schneiden.

Alle Maße enthalten eine 6-mm-Nahtzugabe. Die Schablonen zum Abpausen sind ohne Nahtzugabe. Sie sind in Originalgröße auf Seite 125 zu finden und für den oberen Stiefelrand bestimmt.

Stiefelrückseite: 1 Stück, 52 x 58,4 cm.
Schrägstreifen: Aus der gesamten Breite des passenden Stoffes ein Quadrat von 24 x 24 cm ausschneiden. Gemäß Anleitung auf Seite 108 Schrägstreifen mit 3,8 cm Breite schneiden und zusammennähen, bis eine Länge von 2 ³/₄ m erreicht ist.

Blöcke: (Es gibt keine Stücke **A-D**; diese werden nur für den Quilt verwendet.)

Musterstück	Anzahl der Stücke
E	1 gold
F	3 gold
G	8 rot
	2 gold
H	18 rot
	28 grün
	8 gold
J	2 gold

Zusammensetzen

1 Alle für die Vorderseite benötigten Teile ausschneiden und gemäß dem **Nähschema** auf einer ebenen Fläche auslegen. Das Foto links zeigt die farbliche Gestaltung.

2 Den jeweiligen Namen auf das **E** Stück schreiben und mit Stiel- oder Kettenstichen aufsticken; dabei drei Fäden des Stickgarns verwenden.

3 Die **H**, **E** und **J** Teile in horizontalen Reihen zusammennähen; am oberen Teil des Musters beginnen und nach unten arbeiten.

4 Die Reihen zusammennähen; dabei auf ein exaktes Zusammentreffen der Nähte achten.

5 Für den oberen Rautenrand je 1 **G** Dreieck an den gegenüberliegenden Seiten der 3 **F** Quadrate annähen, wie abgebildet, so daß diagonale Streifen entstehen; diese aneinandernähen; dabei auf ein exaktes Zusammentreffen der Nähte an den Kreuzungspunkten der **F** Quadrate achten. Ein rotes und ein goldenes **G** Dreieck an jedes Ende des Streifens annähen, um einen geraden Abschluß zu erhalten. Auf diese Weise entsteht ein 26,6 cm langer oberer Randstreifen.

6 Den Randstreifen an der oberen Kante des Stiefels annähen, damit ist die Vorderseite des Stiefels fertig.

7 Die **H** Teile am Innenrand des Stiefels, an der Ferse und den Zehen sorgsam zuschneiden, damit gleichmäßige Rundungen entstehen. Dabei das **Nähschema** befolgen.

8 Die Patchworkvorderseite des Stiefels als Vorlage verwenden und ein umgekehrtes Teil für die Rückseite des Stiefels zuschneiden.

9 Vorderseite des Stiefels, Wattierung und Stoff zum Quilten gemäß der Anleitung auf Seite 109 verbinden.

10 Diagonallinien über die Vierecke quilten; dabei den Punkten folgen, in denen die Patchworkteile zusammentreffen. Nach Belieben können die Diagonallinien auch noch in die entgegengesetzte Richtung gequiltet werden, so daß ein Karomuster entsteht.

11 Die Rückseite des Stiefels ebenfalls mit einem Karomuster aus sich kreuzenden Diagonallinien quilten.

12 Die oberen Ränder von Vorder- und Rückseite des Stiefels mit Schrägstreifen versäubern; siehe Seite 110.

13 Vorder- und Rückseite des Stiefels kantengleich aufeinanderlegen. Die Teile zusammennähen, dabei vom oberen Rand nach unten, um Ferse und Zehen herum und auf der anderen Seite wieder nach oben nähen.

14 Die offenen Kanten des Stiefels mit Schrägstreifen versäubern, dabei den Streifen sorgsam um die Biegungen legen. Die noch unversäuberten Enden des Streifens umfalten und mit unsichtbaren Stichen festnähen.

15 Aus dem Rest des Schrägstreifens einen Aufhänger arbeiten; dafür die Enden mit den unversäuberten Kanten falten und am rückwärtigen Rand des Stiefels festnähen.

Nähschema

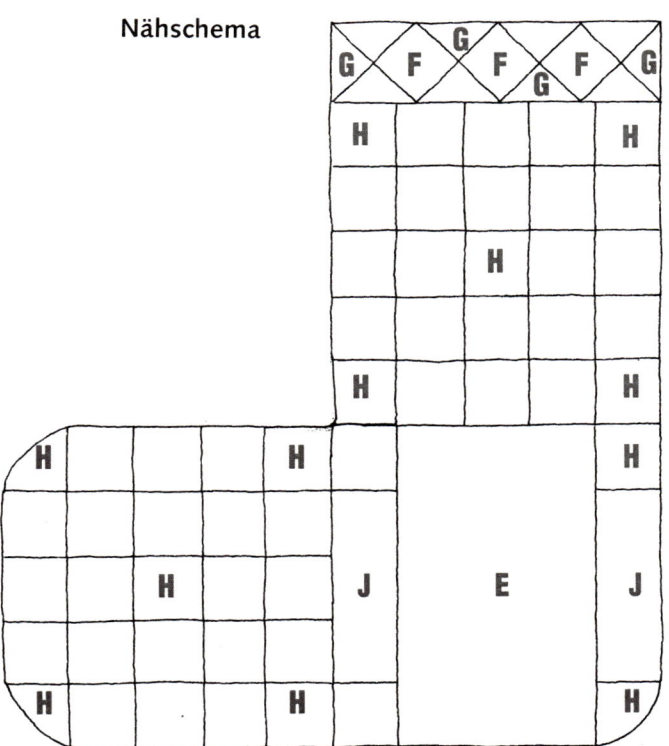

Grundlegende Techniken

Dieser Abschnitt befaßt sich mit den Techniken bei der Anfertigung eines Quilts, mit denen man vertraut sein muß, um die in diesem Buch beschriebenen Quilts für verschiedene Jahreszeiten und die kleineren Werkstücke nacharbeiten zu können.

Näh-/Quiltmaterial und Zubehör

- **Näh-/Quiltnadeln:** Zum Nähen von Hand spitze, mittellange Nadeln, zum Quilten dünne, kurze Nadeln verwenden.
- **Fingerhut:** Zum Quilten notwendig; zum Nähen von Hand nach Belieben.
- **Faden:** Zum Nähen von Hand Baumwoll- oder Polyesterfaden 50 NM, für die Maschine 40 NM in einer zum Stoff passenden Farbe und zum Quilten einen Faden aus 100 % Baumwolle einsetzen.
- **Stecknadeln:** Dünne, glatte Schneiderstecknadeln mit Glas- oder Plastikköpfen verwenden.
- **Nahttrenner:** Wichtig zum Auftrennen von Maschinennähten.
- **Dampfbügeleisen:** Bügeln ist ein wesentlicher Arbeitsschritt bei der Anfertigung eines Quilts. Dampf glättet Nähte und entfernt Knicke.
- **Schneiderschere:** Große, scharfe Schere zum Zuschneiden von Stoff.
- **Nähschere:** Zum Einschneiden von Nahtzugaben und zum Abschneiden von Fadenenden.
- **Papierschere:** Zum Ausschneiden von Vorlagen und Schablonen.
- **Quiltrahmen:** Ein Holzrahmen (Stickrahmen geht gut) mit einem Durchmesser von etwa 35,5 cm, in den man den Stoff beim Quilten einspannen kann.

Zubehör zur Herstellung von Schablonen

- **Bleistift:** Spitze Bleistifte oder Schneiderbleistifte in Weiß oder Silber.
- **Schneiderlineal:** Durchsichtiges Plastiklineal mit horizontalen und vertikalen Linien.
- **Teppich- oder Rasierklingenmesser:** Zum Schneiden von Pappe oder Plastik bei der Herstellung von Schablonen.
- **Lineal mit Metallrand:** Die Rasierklinge des Messers entlang dem Metallrand dieses Lineals ziehen; beim Ausschneiden von Schablonen aus Pappe oder Plastik.
- **Mitteldicke Pappe oder Plastik:** Wiederverwendbare Kartonreste (Aktendeckel) oder 0,5–1 mm starkes Plastik für Schablonen verwenden.

- **Millimeterpapier:** Zum Aufzeichnen von Patchworkmustern und Schablonen.
- **Klebstoff zum Aufsprühen:** Für die Herstellung von Schablonen.

Stoffe

Auf den Seiten 8–11 finden sich Empfehlungen zur Auswahl von Stoffen und zum Erzielen eines »alten« Erscheinungsbildes. Alle Stoffe vor dem Zuschneiden waschen. Die Webekante abschneiden, um ein ungleichmäßiges Einlaufen zu verhindern. Stoffe ähnlicher Farben zusammen in der Maschine waschen; dabei nach Belieben etwas Weichspüler zusetzen. Waschpulver ist nicht notwendig, da neue Stoffe nicht schmutzig sind. Die Stoffe mit heißem Wasser waschen und zum Trocknen aufhängen; im Wäschetrockner verziehen sich lange Stoffbahnen. Knicke mit dem Dampfbügeleisen glätten, dabei in Richtung des Fadenlaufs bügeln.

Wenn nach dem Waschen Unsicherheit besteht, ob ein Stoff farbecht ist, das Gewebe in einer Lösung aus 3 Teilen kaltem Wasser und 1 Teil Essig einweichen und dann so lange spülen, bis das Wasser klar bleibt. Danach den Stoff zusammen mit einem kleinen Stück weißen Teststoffs noch einmal waschen. Wenn der Teststoff Verfärbungen aufweist, das Gewebe nicht verwenden.

Zuschneiden

Der jeweils angegebene Stoffverbrauch geht von sorgfältigem Messen und Zuschneiden aus. Wer auf Nummer Sicher gehen will, kann immer etwas mehr Stoff kaufen und den Rest später verwenden. Im allgemeinen sollte man zuerst den Stoff für die Rückseite des Quilts, dann die Umrandung, die Blöcke für den Hintergrund und die Einfassung zuschneiden. Die kleineren Patchworkteile und die Applikationen können aus den Resten zugeschnitten werden.

Alle Maßangaben für die größeren Teile wie Rückseite des Quilts, Umrandung und Einfassung enthalten eine 6-mm-Nahtzugabe. Die Schablonen wurden aus Platzgründen ohne Nahtzugabe erstellt. Man sollte deshalb nicht vergessen, bei jedem Stück eine 6-mm-Nahtzugabe zu ergänzen.

Herstellung und Verwendung von Schablonen

Schablonen sind haltbare Musterteile aus Pappe oder Plastik, mit deren Hilfe die Einzelteile der Patchwork- oder Applikationsmuster zugeschnitten werden. Bei der Herstellung von Schablonen ist größte Genauigkeit gefragt. Sorgfältiges Abmessen und ein spitzer Bleistift sind für das Zeichnen der Schablone und das Übertragen auf den Stoff unabdingbar.

Für die Herstellung von Schablonen werden die ausgewählten Musterteile abgepaust und jedes Stück mit dem jeweiligen Buchstaben und Musternamen beschriftet. Die Papierteile ausschneiden, die linke Seite mit Klebstoff besprühen und auf ein Stück mitteldicke Pappe drücken. Die Pappe auf eine Schneidematte oder eine dicke Zeitung legen und die Form mit Hilfe von Rasierklingenmesser und Lineal mit Metallrand ausschneiden. Für einen Quilt aus vielen Teilen sollten für jedes Teil mehrere Schablonen angefertigt und abgenutzte Schablonen weggeworfen werden. Bei komplizierten oder gebogenen Mustern an den Rändern der Schablonen Kerben anbringen, um das Zusammennähen von Teilen zu erleichtern.

Beim Nähen des Patchworkmusters von Hand und beim Applizieren dürfen die Schablonen keine Nahtzugabe haben, da die Linien für diese Teile direkt auf den Stoff aufgezeichnet werden müssen. Wenn man die Schablonen für von Hand genähte Teile oder Applikationen auf den Stoff legt, müssen zwischen den Einzelteilen mindestens 12 mm Abstand für die Nahtzugaben gelassen werden.

Bei mit Maschine genähten Patchworks müssen die Nahtlinien nicht auf dem Stoff angezeichnet werden. Man kann also um die Ränder der Schablonen vor dem Zuschneiden eine 6-mm-Naht zugeben.

Die längste Seite eines Patchworkteils sollte immer dem Fadenlauf entsprechen. Man kann Stoff sparen, indem man nebeneinanderliegende Stücke entlang dem gemeinsamen Rand ausschneidet.

Mit dem Rollschneider arbeiten

Es werden benötigt: ein Rollschneider mit einer großen Klinge, ein Kurvenlineal (ein durchsichtiges Plastiklineal mit geraden und gebogenen Linien) sowie eine Schneidematte (in Quiltläden und Geschäften für Künstlerbedarf erhältlich).

Den Stoff im Fadenlauf in der Hälfte falten, die Webekanten liegen aufeinander, die Lagen bügeln. Wieder in der Hälfte falten, so daß die erste Falte auf den Webekanten liegt und vier Lagen entstehen, wieder bügeln. Den gebügelten Stoff vorsichtig anheben, ohne ihn aufzufalten, und auf die Schneidematte legen. Das Kurvenlineal auf den Stoff legen und den gefalteten, gebü-

gelten Rand des Stoffes (der Rand gegenüber der Webekante) auf eine der Rasterlinien des Lineals ausrichten. Mit der linken Hand das Lineal fest nach unten drücken, dabei den kleinen Finger genau auf den Rand des Lineals legen, um ein Verrutschen zu verhindern. Die Klinge des Rollschneiders entlang dem Linealrand führen, wobei die Klinge senkrecht zum Stoff steht; auf diese Weise werden unregelmäßige Kanten begradigt; siehe **Abbildung 1**. Die linke Hand während des Schneidens vorsichtig am Lineal nach oben führen. Die Klinge immer vom Körper weg bewegen.

Beim Zuschneiden von Stoffstreifen zunächst die Breite des benötigten Streifens bestimmen und dann 12 mm für die Naht

Abbildung 1

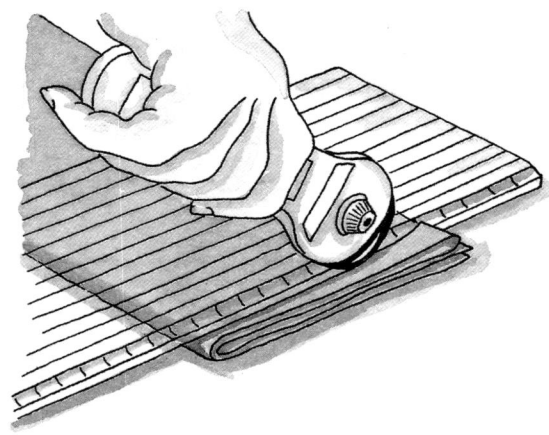

zugeben. Das Lineal so auf den Stoff legen, daß die Schnittkante die erforderliche Entfernung von der geraden Stoffkante aufweist; auf die gleiche Weise schneiden, wie oben beim Begradigen unregelmäßiger Kanten beschrieben. Beim Zuschneiden von Quadraten einen Streifen in der gewünschten Größe plus 12 mm schneiden. Die Webekanten abschneiden, das Lineal auf den Streifen legen und ein Teil genau in der Breite des Streifens abschneiden, so daß vier perfekte Quadrate entstehen.

Patchwork

Beim Patchwork werden viele kleine Teile zusammengesetzt. Hierbei sind sorgfältige Nähte von größter Bedeutung. Die Teile immer rechts auf rechts zusammennähen, wobei die unversäuberten Kanten bündig aufeinanderliegen. Die Nahtzugaben beim Patchwork sind 6 mm breit und müssen beim Nähen von Hand auf die Patches (so heißen die kleinen Stoffstücke) aufgezeichnet werden.

Nähen von Hand

Von Hand gearbeitete Stiche sollten gleichmäßig lang und nicht zu dicht sein. Die Nähte werden von Ecke zu Ecke entlang den auf den Stoffstücken markierten Linien genäht. Den Stoff so halten, daß man die Nählinien auf beiden Seiten sehen kann. Die Naht mit einem Vor- und Rückstich beginnen und entlang der Markierungslinie gleichmäßige Steppstiche arbeiten. Am Ende einen zusätzlichen Rückstich anbringen. Um die Teile von Hand zu Reihen zusammenzufügen, die genähten Teile rechts auf rechts und kantengleich zusammenhalten, gegebenenfalls an einigen Stellen zusammenstecken. Den Faden durch einen Knoten oder Rückstich sichern. Dann die Nadel durch die Nahtzugabe so auf die andere Seite führen, daß die Nahtzugaben frei bleiben. Erneut einen Knoten oder Rückstich setzen und dann die Teile zusammennähen.

Der Heftstich ist ein provisorischer Stich, mit dem man Teile vor dem Nähen oder Quilten sichert. Man verwendet einen langen hellen Faden, der vom Stoff absticht, damit man ihn leicht entfernen kann. 12 mm lange Stiche mit gleich langen Zwischenräumen anbringen.

Nähen mit der Maschine und Ausbügeln der Nähte

Für Patchworkarbeiten mit der Maschine reicht eine einfache, funktionstüchtige Haushalts-Nähmaschine. Als Stichlänge für gerade Stiche 10–12 Stiche auf 2,5 cm einstellen. Da die Nählinien im Gegensatz zum Nähen von Hand nicht markiert sind, sollte man den Rand des Steppfüßchens oder eine Markierungslinie an der Stichplatte als Hilfe zur Stichführung verwenden; prüfen, daß die Nahtzugabe genau 6 mm mißt. Die Teile mit gleichmäßiger Geschwindigkeit zusammennähen; den Stoff dabei mit der Hand führen. Werden Stecknadeln verwendet, müssen sie entfernt werden, bevor die Nadel darübergeht, sie würde durch das Übernähen stumpf werden. Wer viele Stoffteilchen zusammennäht, sollte die Kettentechnik verwenden, um Zeit und Faden zu sparen (siehe **Abbildung 2**). Zum Sichern der Maschinenfäden kann man mit Hilfe des Rückwärtshebels einige Rückstiche anbringen. Oder die Stichlänge an den Stellen, an denen ein Knoten entstehen soll, verkürzen. Es ist nicht notwendig, an jedem Ende einer Naht einen Rückstich anzubringen. Es genügen die Stellen, die unter Belastung stehen werden oder an denen ein weiteres Stoffteilchen eingesetzt wird. Die Nahtzugabe auf eine Seite – vorzugsweise auf die Seite des dunkleren Stoffes – bügeln. Muß die Nahtzugabe zum helleren Stoff hin gebügelt werden, sollte sie so zugeschnitten werden, daß der dunkle Stoff nicht auf die rechte Seite durchscheint.

Werden die Patchworkreihen mit der Maschine zusammengenäht, müssen die Nahtzugaben in entgegengesetzte Richtungen gebügelt werden, um Stoffverdickungen zu vermeiden und das Zusammenfügen der Nähte zu erleichtern. Die Teile direkt in der Naht sowie links und rechts von der Naht zusammenstecken, um ein Verschieben der einzelnen Stoffteile zu verhindern.

Einsetzen

Einige der Patchworks in diesem Buch erfordern die Einsetztechnik. Hierbei wird ein Stoffteil in den Winkel zwischen zwei anderen zusammengenähten Teilen eingesetzt. Die Teile, die den Winkel bilden, gemäß **Abbildung 3** zusammennähen; die Stiche genau 6 mm von dem Punkt entfernt enden lassen, an dem das Stoffteil eingesetzt wird.

Abbildung 3

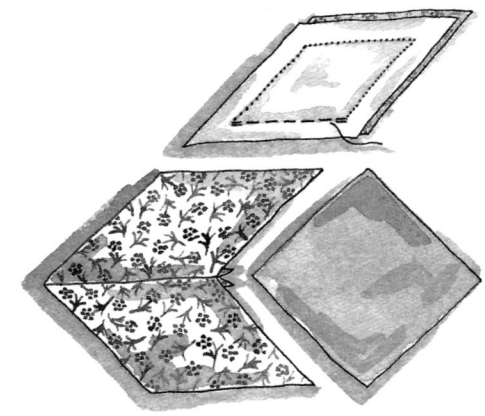

Das Teilstück, das eingesetzt werden soll, gemäß **Abbildung 4** an einer Kante des Winkels feststecken und vom inneren zum äußeren Rand in Pfeilrichtung festnähen.

Abbildung 2

Abbildung 4

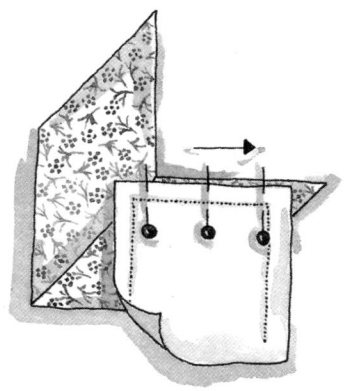

Das Einsatzstück gemäß **Abbildung 5** an der anderen Winkelkante feststecken. Von innen nach außen in Pfeilrichtung nähen. Die Stiche genau in dem Punkt ansetzen, in dem auch die andere Naht begann. Die Stoffteile aufklappen und mit dem Dampfbügeleisen sorgfältig bügeln.

Abbildung 5

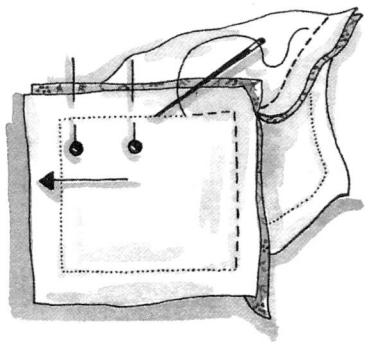

Rundungen nähen

Am einfachsten lassen sich Stoffteile mit Rundungen zusammennähen, wenn sie im schrägen Fadenverlauf zugeschnitten werden. Dann lassen sich die Teile etwas ziehen und einpassen.

Abbildung 6

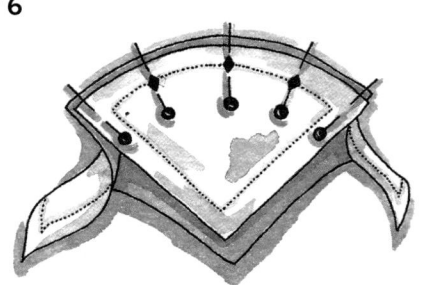

Nahtzugaben und Kerben (zum leichteren Zusammensetzen) auf der linken Seite der Stoffteile markieren und die Teile zusammenstecken. Dafür zuerst die Kerben und die Seitenränder zur Deckung bringen. Die restlichen Stoffteile paßgenau aufeinanderlegen, stecken, anpassen und glätten (siehe **Abbildung 6**). Die Stoffteile von Hand oder mit der Maschine zusammennähen; dabei den Anfang und das Ende der Naht mit Knoten oder Rückstichen sichern. Die Naht mit dem Dampfbügeleisen auseinanderbügeln.

Applizieren

Die Technik des Applizierens besteht darin, ein vorbereitetes Stoffteil auf die Vorderseite eines anderen Stoffstückes zu legen und mit unsichtbaren Stichen aufzunähen. Dafür werden als vorbereitender Arbeitsschritt die Schablonen auf die linke Seite des Stoffes aufgezeichnet; zwischen den einzelnen Teilen müssen 12 mm für die Nahtzugabe frei bleiben. Die Teile werden so ausgeschnitten, daß bei jedem Teil eine 6 mm breite Nahtzugabe hinzugefügt wird. Die Rundungen von Applikationen senkrecht zur Markierungslinie einschneiden (siehe **Abbildung 7**); nicht über die markierte Linie hinausschneiden. Bei starken Rundungen zusätzliche Kerben einschneiden, um das Einschlagen zu erleichtern. Gerade Kanten müssen nicht eingeschnitten werden. Die unversäuberten Kanten der Applikationen 6 mm auf die linke Seite einschlagen und mit Heftstichen befestigen. Diesen Einschlag sorgfältig bügeln.

Abbildung 7

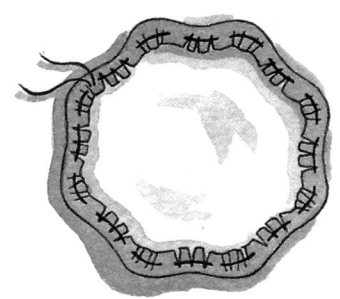

Spitz zulaufende Ecken, wie etwa Blattspitzen, können recht schwierig sein. Mit Hilfe von **Abbildung 8** auf der folgenden Seite entstehen perfekte Spitzen. Zuerst die Nahtzugabe 6 mm unterhalb der Spitze ausschneiden und auf 3 mm zurückschneiden. Dann die Spitze 3 mm oberhalb des markierten Endpunktes abschneiden (siehe **8a**). Die Spitze, wie in **8b** gezeigt, auf die linke Seite falten. Erst einen Rand der Applikation 6 mm auf die linke Seite falten (siehe **8c**), dann den zweiten Rand ebenso auf die linke Seite falten, wobei es am oberen und unteren Ende zu einer Überlappung mit dem ersten Rand kommt (siehe **8d**). Die Ränder heften und sorgfältig bügeln.

Abbildung 8

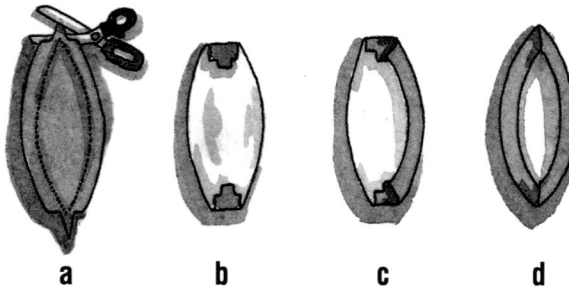

a   b   c   d

Bei komplizierten Mustern die Konturen der größeren Stücke auf der rechten Seite des Hintergrundstoffes aufzeichnen. Die Applikationen feststecken und dann heften. Wenn das Ergebnis zufriedenstellend ausfällt, die Applikationen auf dem Hintergrund aufnähen; dafür einen passenden Faden verwenden und kleine, unsichtbare Saumstiche arbeiten; siehe **Abbildung 9**.

Abbildung 9

Schrägstreifen und Einfassungen

Schrägstreifen für applizierte Ranken oder Einfassungen stellt man her, indem man ein quadratisches Stück Stoff in der erforderlichen Größe fadengerade zuschneidet. (**Anmerkung:** Soll der Streifen sehr lang sein soll, muß man unter Umständen mehrere Quadrate zuschneiden. Dabei wird jedes Quadrat gemäß der Anleitung verarbeitet, und alle Enden der Schrägstreifen werden auf die gewünschte Länge zusammengenäht.) Das Stoffquadrat gemäß **Abbildung 10** diagonal in Hälften schneiden. Die entstandenen Dreiecke rechts auf rechts legen, dabei die Pfeilmarkierung beachten, und mit 6-mm-Nahtzugabe zusammennähen.

Die Nahtzugabe ausbügeln. Entsprechend der jeweiligen Anweisung für die erforderliche Breite des Streifens parallele Linien auf dem zusammengenähten Stoffstück markieren, wie in **Abbildung 11** gezeigt. Dabei behutsam arbeiten, um den Stoff beim Markieren nicht zu dehnen.

Abbildung 10

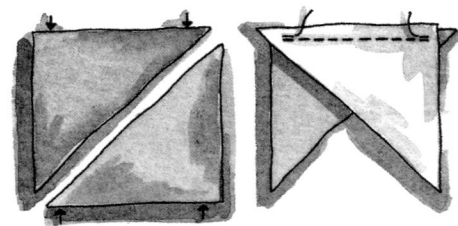

Abbildung 11

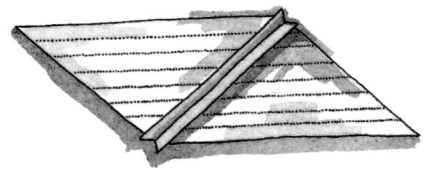

Die diagonalen seitlichen Kanten des markierten Stoffstückes gemäß **Abbildung 12** rechts auf rechts zusammenstecken. Dabei die Ränder so versetzen, daß die obere Stoffkante auf die erste markierte Linie trifft; die anderen markierten Linien sollen dann beim Zusammenstecken genau aufeinandertreffen. Heften; dabei eine 6-mm-Nahtzugabe berücksichtigen.

Abbildung 12

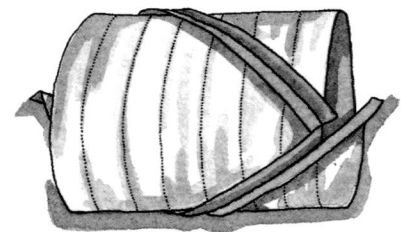

Die Nahtzugabe ausbügeln. Vom oberen Rand ausgehend, den Stoff entlang den markierten Linien in einer fortlaufenden Spirale zerschneiden (siehe **Abbildung 13**). Mit dem Schrägstreifen vorsichtig hantieren, da er sich leicht dehnt.

Abbildung 13

Um Ranken oder Stengel zum Applizieren vorzubereiten, den Schrägstreifen sorgfältig der Länge nach in der Mitte links auf links falten. Die genau aufeinanderliegenden unversäuberten langen Seiten mit einer 6-mm-Zugabe zusammennähen und die Nahtzugabe auf knappe 3 mm zurückschneiden. Den Streifen vorsichtig bügeln; dabei liegen die unversäuberten Kanten der Nahtzugabe genau in der Mitte einer Seite; Vorsicht, den Streifen nicht außer Form dehnen. Nun läßt sich der Schrägstreifen leicht in die gewünschte Form bringen. Durch Bügeln und sanftes Bearbeiten mit den Fingern werden anmutige Kurven ausgebildet. Beim Applizieren des Streifens auf dem Untergrundstoff muß die Naht nach unten zeigen.

Diagonale Ecken

Die Umrandungsstreifen rechts auf rechts mit der Quiltvorderseite und einer 6 mm breiten Nahtzugabe zusammennähen. Die Streifen mit ihrer rechten Seite nach außen bügeln, wobei der überschüssige Umrandungsstoff gleichmäßig über die Außenränder des Quilts hinausragt. Einen Umrandungsstreifen gemäß **Abbildung 14** im 45-Grad-Winkel auf seine eigene Rückseite falten. Bügeln und stecken. Die entstandene diagonale Kante von Hand von der rechten Seite an seinem Gegenstück festnähen. Sorgfältig bügeln, dann die beiden überstehenden Nahtzugaben auf 12 mm zurückschneiden.

Abbildung 14

Verbinden der Quiltteile

Ein Quilt besteht aus drei Lagen: Quiltvorderseite, Wattierung und Rückseite. Die in diesem Buch beschriebenen Quiltvorderseiten sind entweder Patchworks oder Applikationen. Bei der Rückseite, die im Stoff immer zur Vorderseite paßt, reicht für die erforderliche Breite meist eine Mittelnaht. Ist der Quilt sehr groß, braucht man unter Umständen zwei Stoffstreifen, die mit beiden Längsseiten des Mittelteils verbunden werden. Die Wat-

tierung kann aus Baumwolle, Wolle oder Polyester bestehen. Zum Zusammenfügen der Einzelteile ist eine große, saubere, ebene Arbeitsfläche notwendig.

Zuerst die Quiltvorderseite und die -rückseite sorgfältig bügeln. Dies ist die letzte Gelegenheit, um die Stoffe zu bügeln, deshalb lohnt es sich, Sorgfalt walten zu lassen. Ausgefranste Ränder begradigen und Fäden auf der linken Seite der Stoffe entfernen. Buckel durch überschüssigen Stoff auf der linken Seite vorsichtig zurückschneiden.

Die Quiltrückseite mit der linken Seite nach oben auf der großen, ebenen Arbeitsfläche ausbreiten. Die Ränder, wenn möglich, mit Klebeband fixieren, um die Rückseite straff zu halten. Dann die Wattierung mittig auf die Quiltrückseite legen. Zum Schluß die Vorderseite des Quilts mit der rechten Seite nach oben auf die Wattierung legen und sorgfältig glattstreichen. Die Lagen horizontal, vertikal und diagonal zusammenheften; dabei von der Mitte des Quilts zu den Rändern arbeiten. Wenn der Quilt noch viel bewegt wird oder wenn zum Quilten ein Rahmen verwendet wird, sollten die drei Lagen durch einige zusätzliche konzentrische Heftreihen gesichert werden; siehe **Abbildung 15**.

Abbildung 15

Quilten

Quiltstiche sind einfache fortlaufende Stiche, die durch alle drei Lagen des Quilts verlaufen, diese fest miteinander verbinden und dem Stück gleichzeitig eine lebendige Struktur verleihen.

Einen 45 cm langen Quiltfaden aus 100% Baumwolle abschneiden. Das Ende des Fadens verknoten; den Faden dann senkrecht durch die Vorderseite des Quilts führen und so anziehen, daß der Knoten durch die oberste Lage schlüpft und sich in der Wattierung verhakt. Mit der rechten Hand unter dem Quilt (Rechtshänder) die Nadel wieder senkrecht nach oben führen und mit zahlreichen Stichen alle drei Lagen des Quilts verbinden. Die Stiche sollten auf der Vorder- und auf der Rückseite die gleiche Länge haben. Ein Fingerhut auf dem rechten Mittelfinger verhindert, daß man sich sticht, wenn man die Nadel wieder zur Oberfläche führt. Man führt je drei bis vier Stiche aus, indem die Nadel von der Oberfläche senkrecht zur Rückseite des Quilts und senkrecht wieder zurück gestochen wird, dann erst zieht man die Fadenschlingen an. Ist der Quilt fest in einem Rahmen, kann man ziemlich kräftig anziehen, so daß die Stiche deutlicher sichtbar werden. Ist das Ende des Fadens erreicht, knüpft man nahe an der Quiltoberfläche einen Knoten, setzt durch Quiltvorderseite und Wattierung einen Rückstich, zieht den Knoten unter die Oberfläche und läßt ihn in der Wattierung verschwinden.

Für die in diesem Buch beschriebenen Quiltmuster müssen die Quiltvorlagen in Originalgröße abgepaust werden; ist nur ein Viertel des Musters als Vorlage angegeben, muß dieses Muster viermal abgepaust werden, um eine Pappschablone mit dem vollständigen Muster herstellen zu können. Bei Innenlinien und komplizierten Musterlinien Kerben in die Schablone schneiden, um die Markierung zu erleichtern. Die Schablone auf die Quiltvorderseite legen und Ränder sowie Kerben mit einem spitzen Bleistift nachzeichnen. Silberstifte eignen sich sehr gut, da die Linien beim Quilten zu verschwinden scheinen.

Wenn die Arbeitsanweisung ein Quilten »in der Naht« verlangt, müssen die Stiche auf der Seite der Naht, die den gebügelten Nahtzugaben gegenüberliegt, möglichst nahe an der Naht angebracht werden. Wird entlang einer Naht gequiltet, bei der die Lage der Nahtzugabe wechselt, setzt man einen kleinen Stich über den Kreuzungspunkt und wechselt ebenfalls die Quiltlinie; siehe **Abbildung 16**.

Mit einem Einfaßstreifen versäubern

Die Einfassung ist der letzte Arbeitsschritt, sie prägt den Gesamteindruck des Quilts entscheidend mit. Aus diesem Grund ist es wichtig, daß die Ränder schön glatt liegen. Die Einfaßstreifen sollte man selbst herstellen, damit Art und Qualität des Stoffes zum übrigen Quilt passen. Dafür werden aus der gesamten Breite des gewählten Stoffes fadengerade 3,8 cm breite Streifen zugeschnitten. Die genauen Angaben für die jeweilige Einfassung sind der Zuschneideanweisung der einzelnen Werkstücke zu entnehmen. Die Streifen zusammennähen und die Nahtzugaben ausbügeln. Den Streifen der Länge nach links auf links und kantengleich falten und bügeln. Dann eine lange Seite des Streifens nach innen umschlagen und zum eingebügelten Knick in der Mitte umbügeln. Am Ende des Streifens einen 12-mm-Einschlag auf die linke Seite falten. Den Streifen an einer Seite der Quiltvorderseite rechts auf rechts anlegen, die unversäuberten Kanten liegen bündig aufeinander. Mit einer 6 mm breiten Naht zusammennähen.

Kurz vor der ersten Ecke die Stichlänge verringern. Wenn die Nadel genau 6 mm von der Ecke entfernt ist, aufhören zu nähen, die Nadel jedoch im Eckpunkt stecken lassen. Das Steppfüßchen heben, den Quilt um die Nadel drehen und die nächste Seite zusammennähen. Dafür den Einfaßstreifen so auslegen, daß der unversäuberte Rand wieder parallel zum nächsten Quiltrand liegt. Im Einfaßstreifen eine kleine Falte entstehen lassen (siehe **Abbildung 17**). Diese Falte nicht einnähen, da sie zur Ausbildung des Eckwinkels dienen soll. Das Steppfüßchen wieder senken und 12 mm kleine Stiche ausführen. Zu normaler Stichlänge zurückkehren und bis zur nächsten Ecke nähen. Jede Ecke auf die gleiche Weise nähen.

Abbildung 16

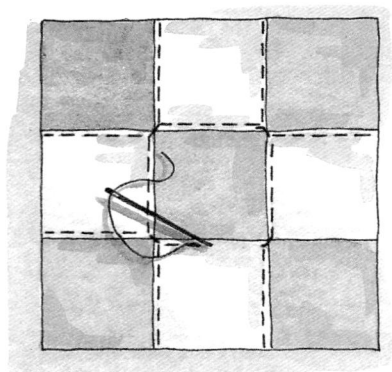

Abbildung 17

Wieder am Ausgangspunkt angelangt, den Einfaßstreifen 12 mm über den Einschlag des Anfangs hängen lassen (siehe **Abbildung 18**). Überstehende Einfassung abschneiden. Den gesamten Einfaßstreifen mit der gebügelten Kante auf die Quiltrückseite schlagen und feststecken, dabei die Nahtlinie verdecken. Den Streifen mit Saumstichen und einem passenden Faden festnähen. Die Falten an den Ecken mit Hilfe einer Nadel zu einer Diagonalen ausformen und mit Saumstichen nähen.

Abbildung 18

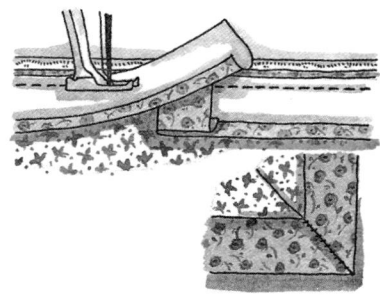

Den Quilt signieren

Jeder Quilt sollte datiert und signiert sein. Namen und Datum werden mit Kreuz- oder Stielstich auf ein kleines Stück Stoff gestickt oder mit Kopiertinte auf den Stoff geschrieben. Die Ränder des Stoffschildchens einsäumen und auf der Rückseite des Quilts mit einem passenden Faden annähen. Man kann Namen und Datum auch auf der Vorderseite quilten oder sticken und sie so zu einem festen Bestandteil des Gesamtdesigns machen.

Kleinere Arbeiten

Die folgenden Techniken sind für die Herstellung der Kissenbezüge in diesem Buch notwendig.

Paspelieren

Den Paspelstreifen auf die in der Zuschneideanweisung für den Kissenbezug angegebene Länge zuschneiden. Die Paspelkordel aus Baumwolle auf die Mittellinie der linken Seite des Paspelstreifens legen. Den Streifen der Länge nach links auf links zusammenlegen und dabei die Kordel einschließen. Mit dem Reißverschlußfüßchen der Nähmaschine knapp entlang der Kordel nähen. Die Nahtzugabe auf 6 mm zurückschneiden.

In der Mitte eines Seitenrandes auf der rechten Seite des Kissenvorderteils beginnen und die Paspel feststecken; die unversäuberten Kanten sind bündig. Um die Paspel leichter um die Ecke führen zu können, die Nahtzugabe bis zur Nahtlinie einschneiden. Die Paspel stecken, bis der Ausgangspunkt wieder erreicht ist. Den Beginn der Paspel um 2,5 cm überlappen lassen, den Überstand abschneiden. Ein 2,5 cm langes Stück der Naht vom Ausgangspunkt der Paspel weg auftrennen, den Stoff zurückschieben und nur die Kordel zurückschneiden, so daß Beginn und Ende der Kordel bündig abschließen (siehe **Abbildung 19**). Nun den zurückgeschobenen Stoff wieder straffen und das unversäuberte Ende 12 mm auf die linke Seite (innen) falzen, indem man mehrmals mit dem Finger über die Falte streicht. Den Anfang des Paspelstreifens in das Ende stecken, so daß alle unversäuberten Enden bedeckt sind; feststecken. Die Paspel mit dem Reißverschlußfüßchen der Nähmaschine an der Vorderseite des Kissens festnähen. An den Ecken leichte Rundungen nähen.

Abbildung 19

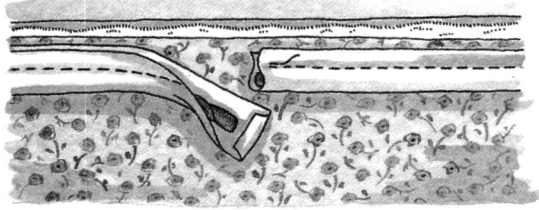

Einsetzen eines Reißverschlusses

Den Reißverschluß in den gehefteten Teil der Naht auf der Kissenrückseite einsetzen. Den Reißverschluß mit der Vorderseite nach unten auf die Nahtzugaben legen, die Zähnchen verlaufen genau auf der Heftnaht. Feststecken und rundherum heften; dabei so nahe wie möglich an den Zähnchen des Reißverschlusses arbeiten. Die Nadeln entfernen. Mit dem Reißverschlußfüßchen der Nähmaschine, beginnend an der rechten oberen Seite, den Reißverschluß einnähen. Etwa 6 mm von der Naht entfernt nähen. An jedem Ende des Reißverschlusses eine oder zwei zusätzliche Stichreihen anbringen für einen besseren Halt. Die Heftstiche entfernen. Dann mit einem Nahttrenner die Maschinen-Heftstiche in der Naht der Kissenrückseite auftrennen. Den Reißverschluß probeweise auf- und zuziehen. Kleine Fäden, die noch in der Naht stecken, entfernen.

Schablonen und Quiltvorlagen

Die Schablonen und Quiltvorlagen auf den folgenden Seiten sind nach Mustern geordnet. Die Übersicht unten gibt die Seite(n) an, auf der (denen) die einzelnen Muster zu finden sind. Um Platz zu sparen, wurden einige Vorlagen überlappend dargestellt. Man kann die Teile jedoch unterscheiden, indem man sich an den Kennbuchstaben in den Symbolen am Rand der jeweiligen Darstellung orientiert. Die einzelnen Stücke separat abpausen, den jeweiligen Buchstaben übertragen und den Pfeil für den Fadenlauf einzeichnen.

Manche Vorlagen sind größer als die Buchseiten. Um das Abpausen zu erleichtern, wurden diese Vorlagen, die über den Buchrücken hinweg auf der gegenüberliegenden Seite fortgesetzt werden, geteilt. Beim Abpausen dieser Teile wird zuerst das Teilstück auf der linken Seite mitsamt der gestrichelten Linien übertragen; dann legt man das abgepauste Teil an die gestrichelte Linie des Fortsetzungsteils auf der rechten Seite an und paust den Rest der Vorlage ab. In einigen Fällen wurden die Teile als Halb- oder Viertelvorlage gezeichnet. Diese Vorlagen müssen zunächst vervollständigt werden, bevor man die Papp- oder Plastikschablone nach der Anleitung auf Seite 105 anfertigt.

Anmerkung: Der Buchstabe **I** wird in der Beschriftung der Schablonen nicht verwendet. Alle **asymmetrischen** Patchworkteile werden **umgekehrt** gezeichnet und so auf die linke Seite des Stoffes aufgezeichnet. Nach dem Umdrehen des Stoffes schauen sie dann auf der rechten Seite in die richtige Richtung.

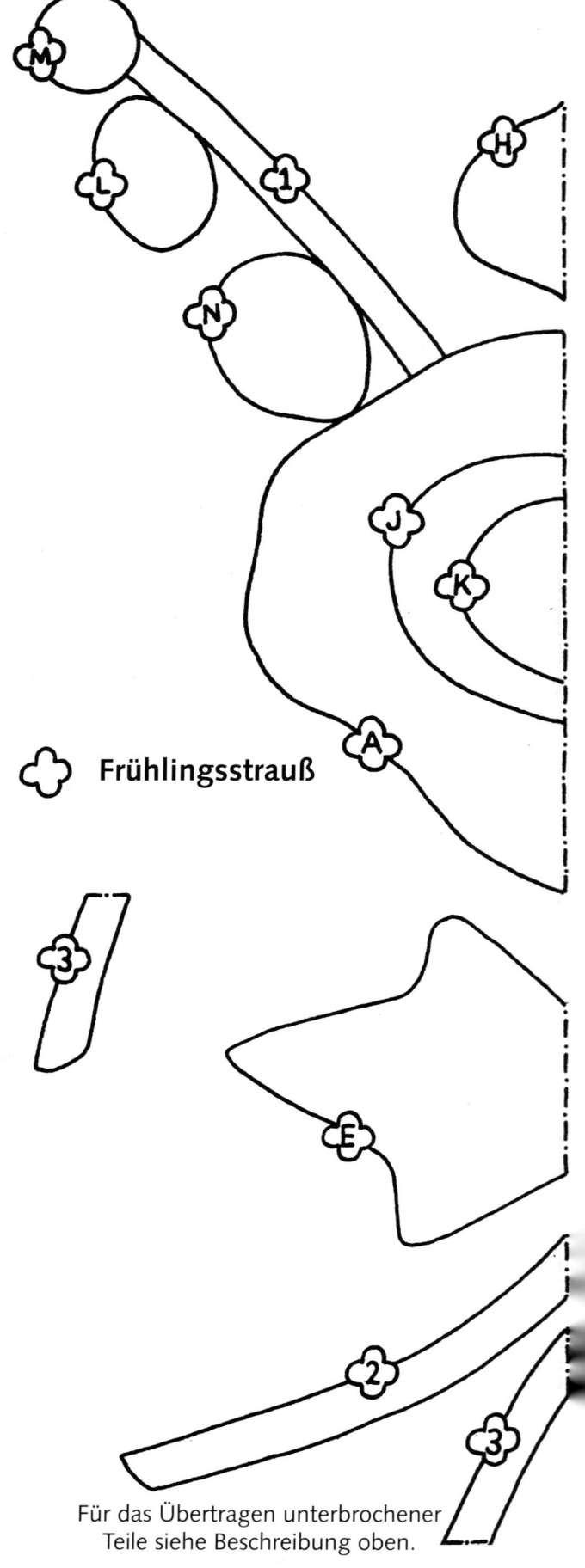

Frühlingsstrauß

Für das Übertragen unterbrochener Teile siehe Beschreibung oben.

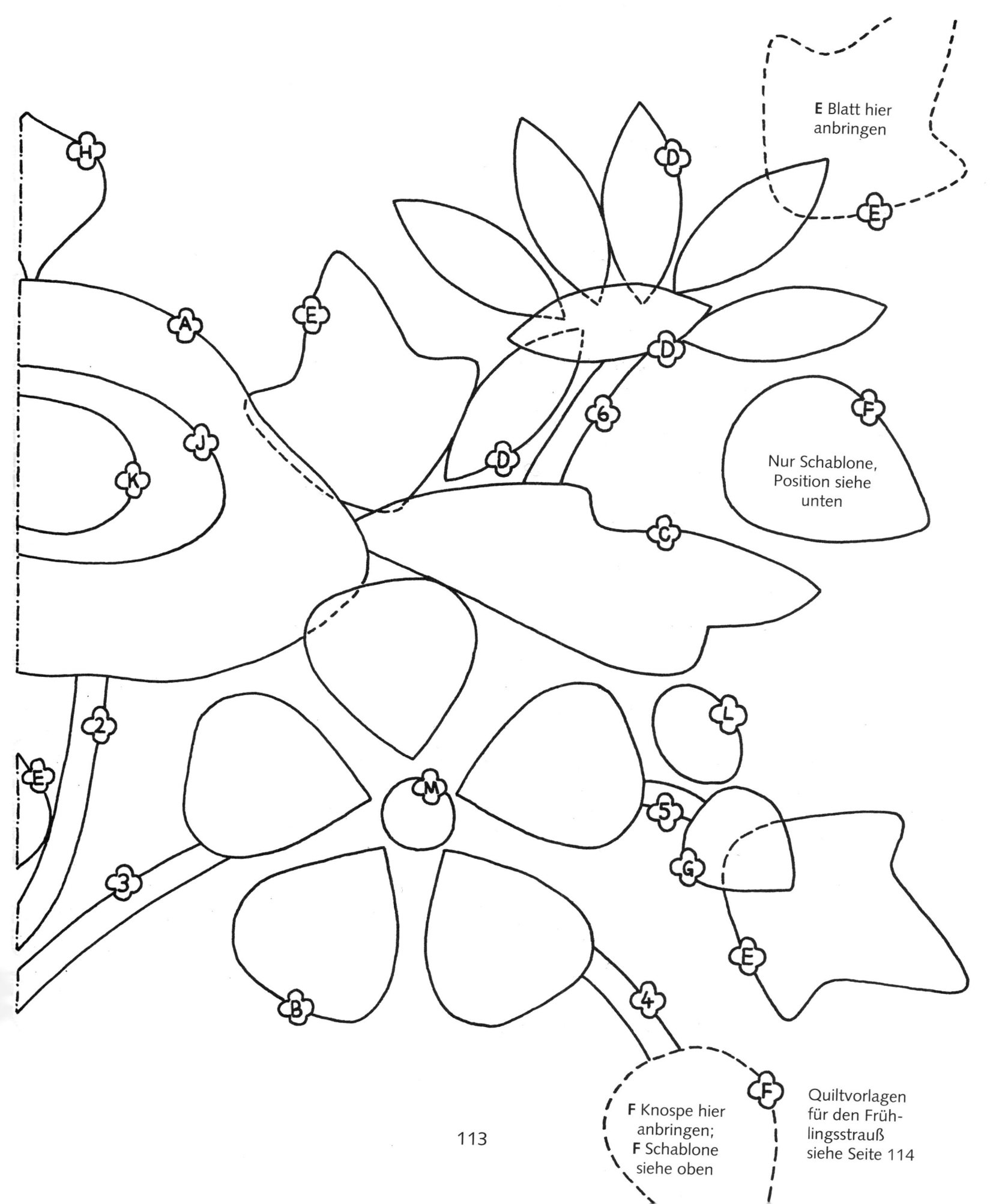

E Blatt hier anbringen

Nur Schablone, Position siehe unten

F Knospe hier anbringen; **F** Schablone siehe oben

Quiltvorlagen für den Frühlingsstrauß siehe Seite 114

113

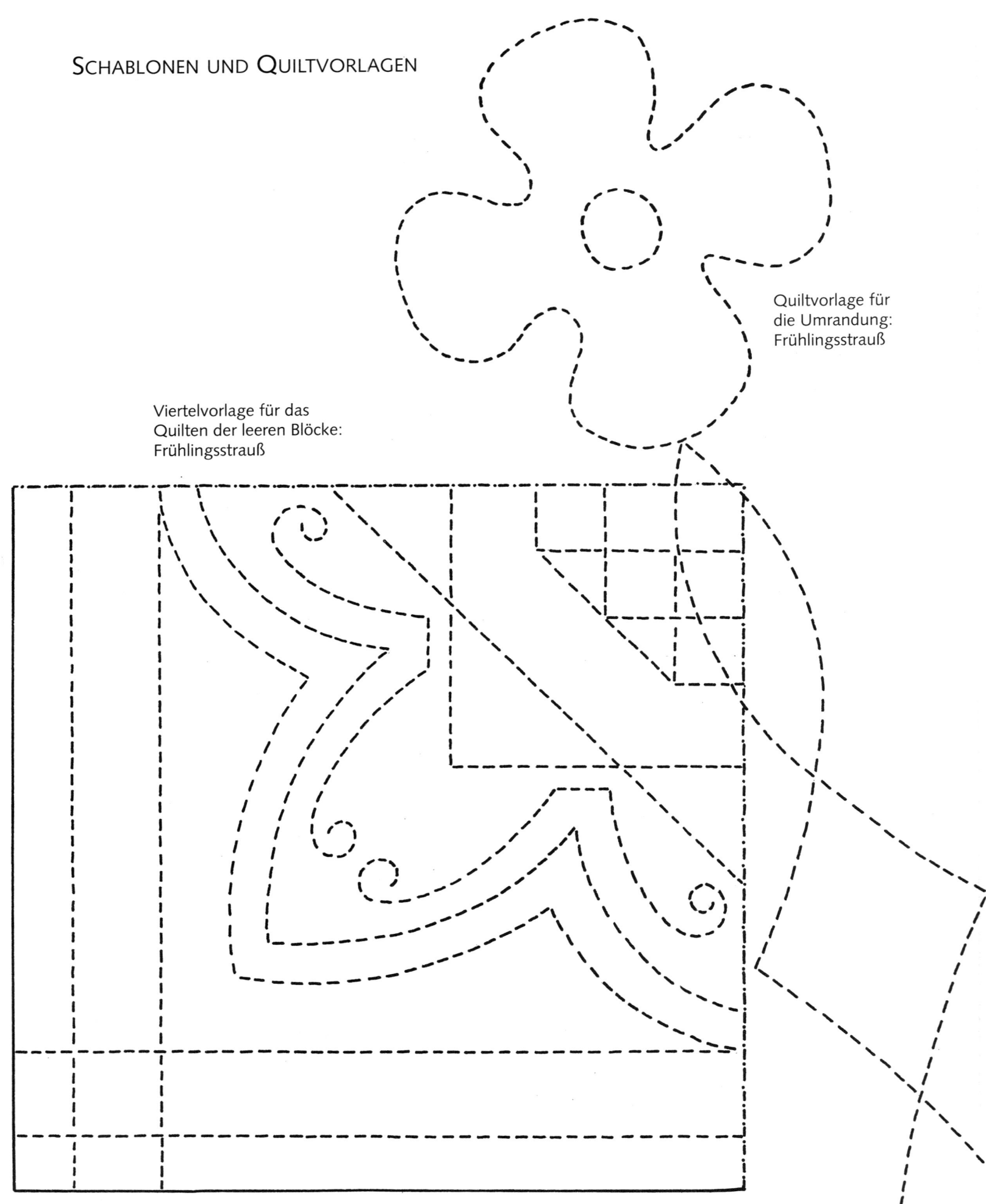

SCHABLONEN UND QUILTVORLAGEN

Quiltvorlage für
die Umrandung:
Frühlingsstrauß

Viertelvorlage für das
Quilten der leeren Blöcke:
Frühlingsstrauß

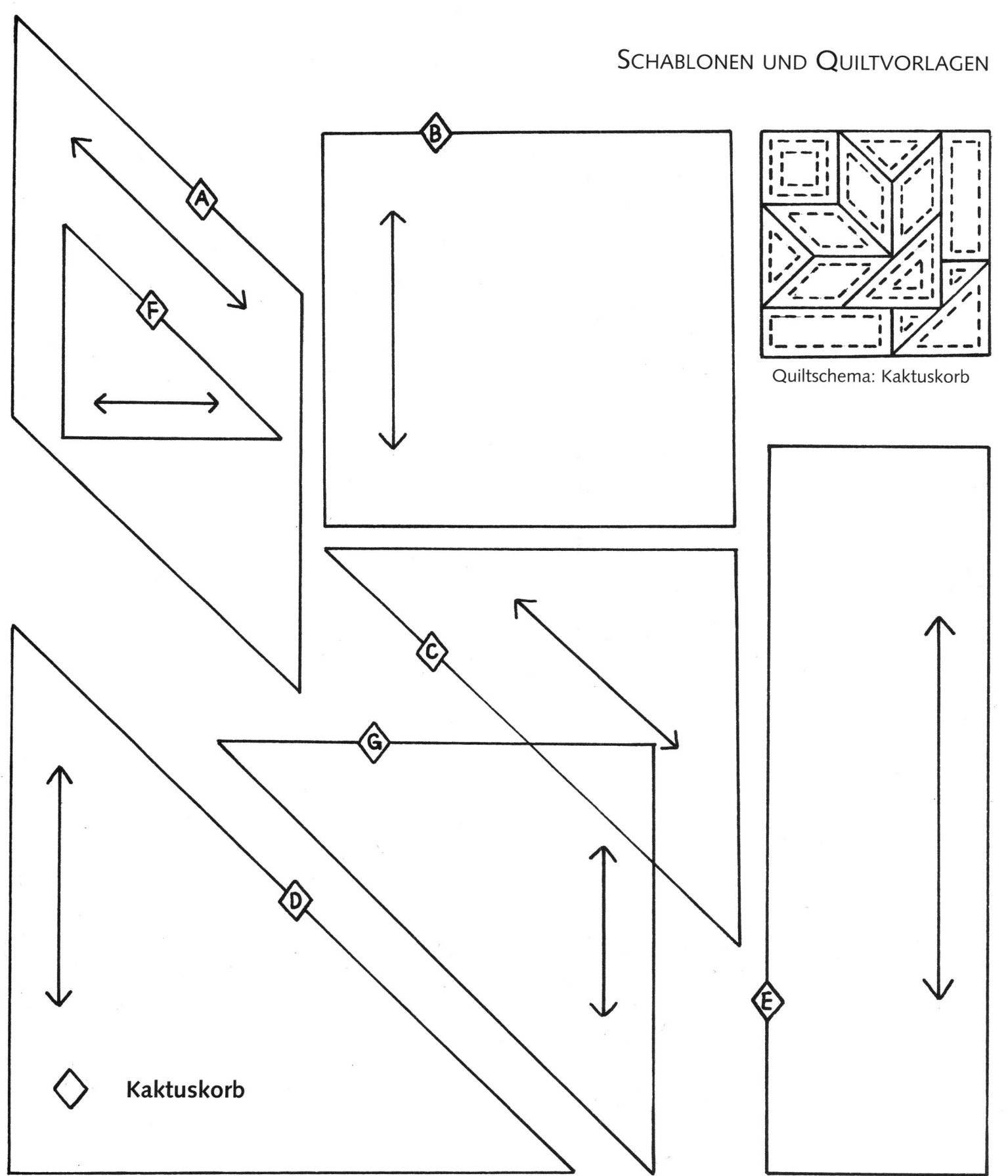

Quiltschema: Kaktuskorb

Kaktuskorb

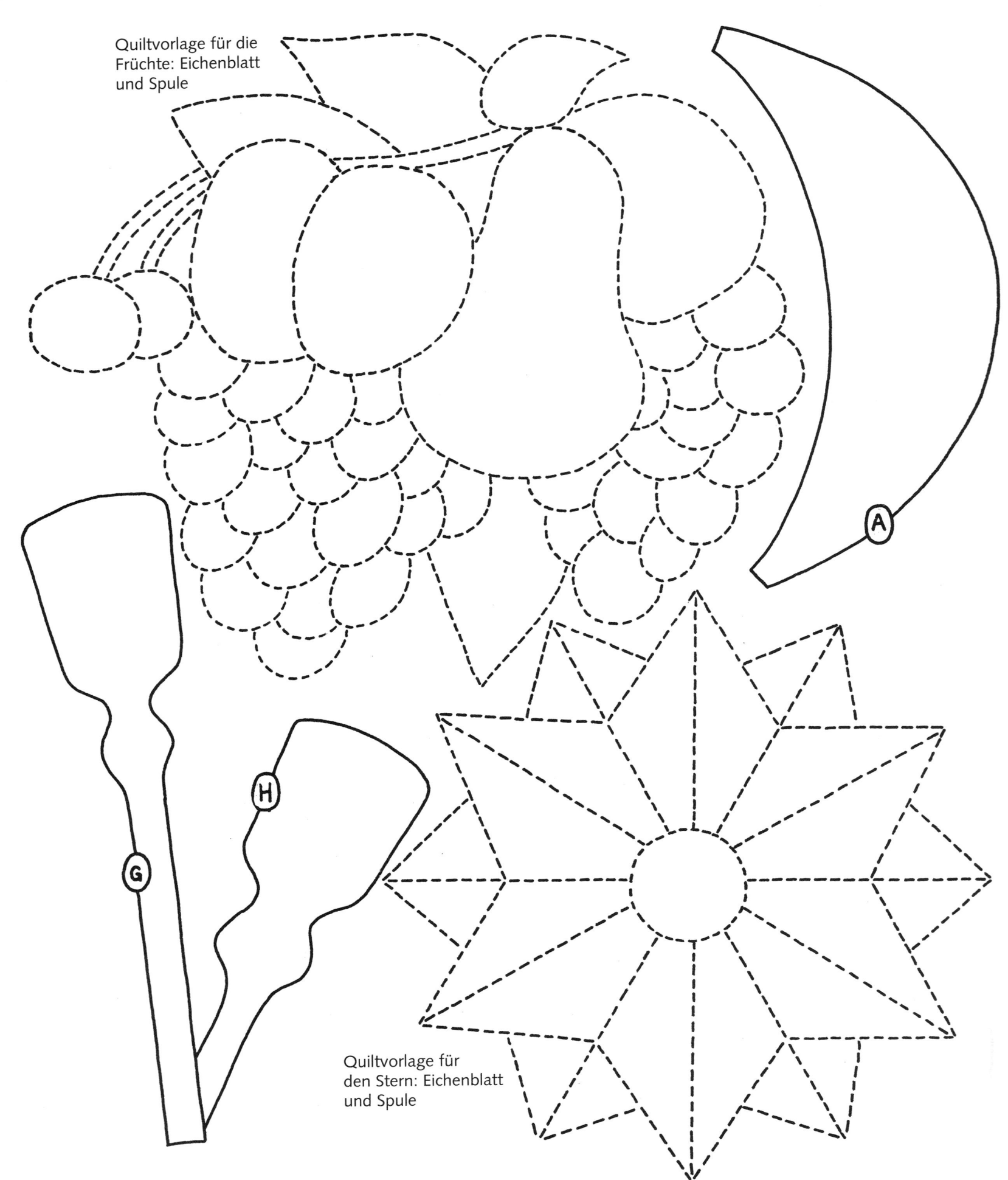

Quiltvorlage für die
Früchte: Eichenblatt
und Spule

Quiltvorlage für
den Stern: Eichenblatt
und Spule

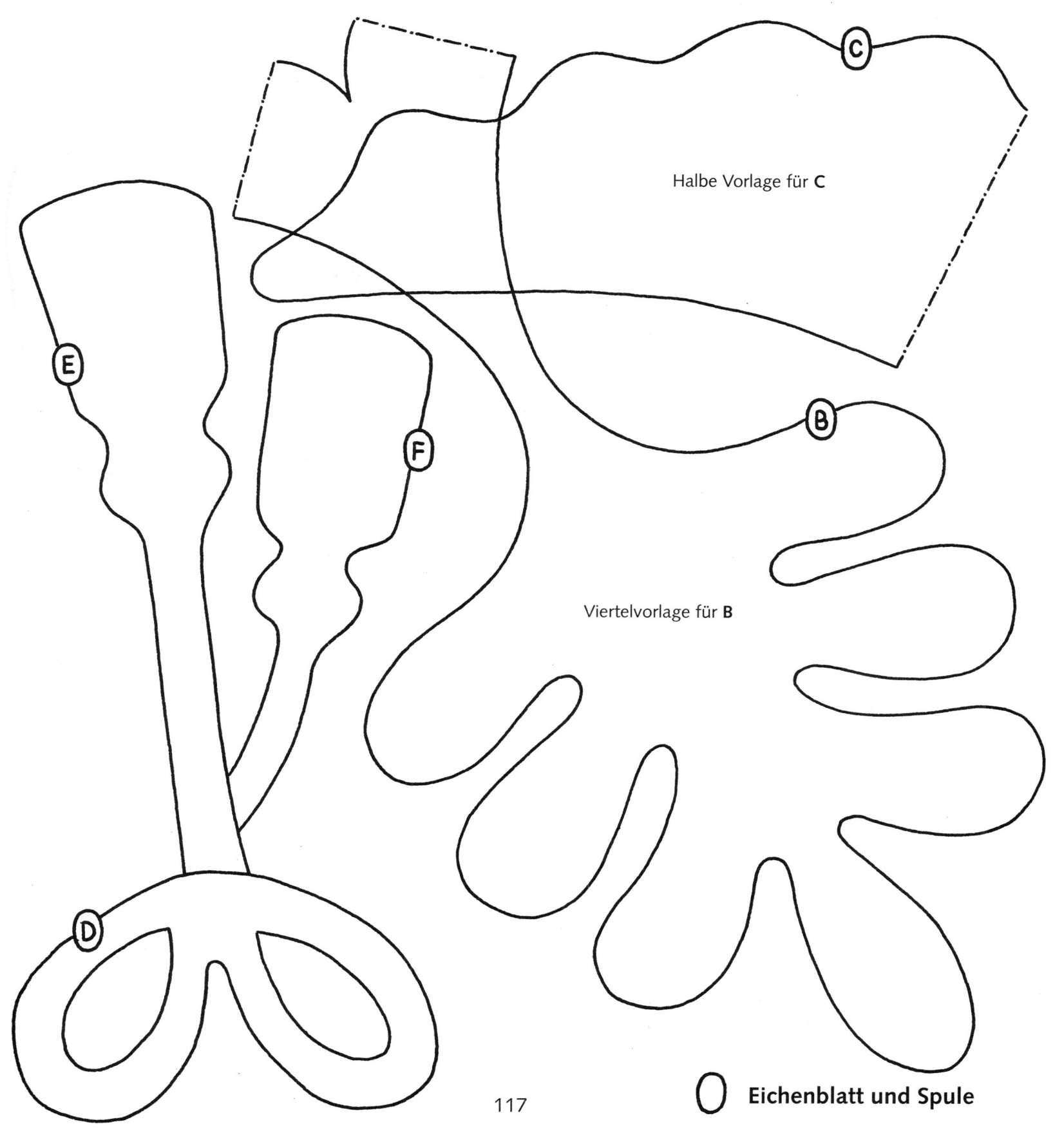

Halbe Vorlage für **C**

Viertelvorlage für **B**

Eichenblatt und Spule

117

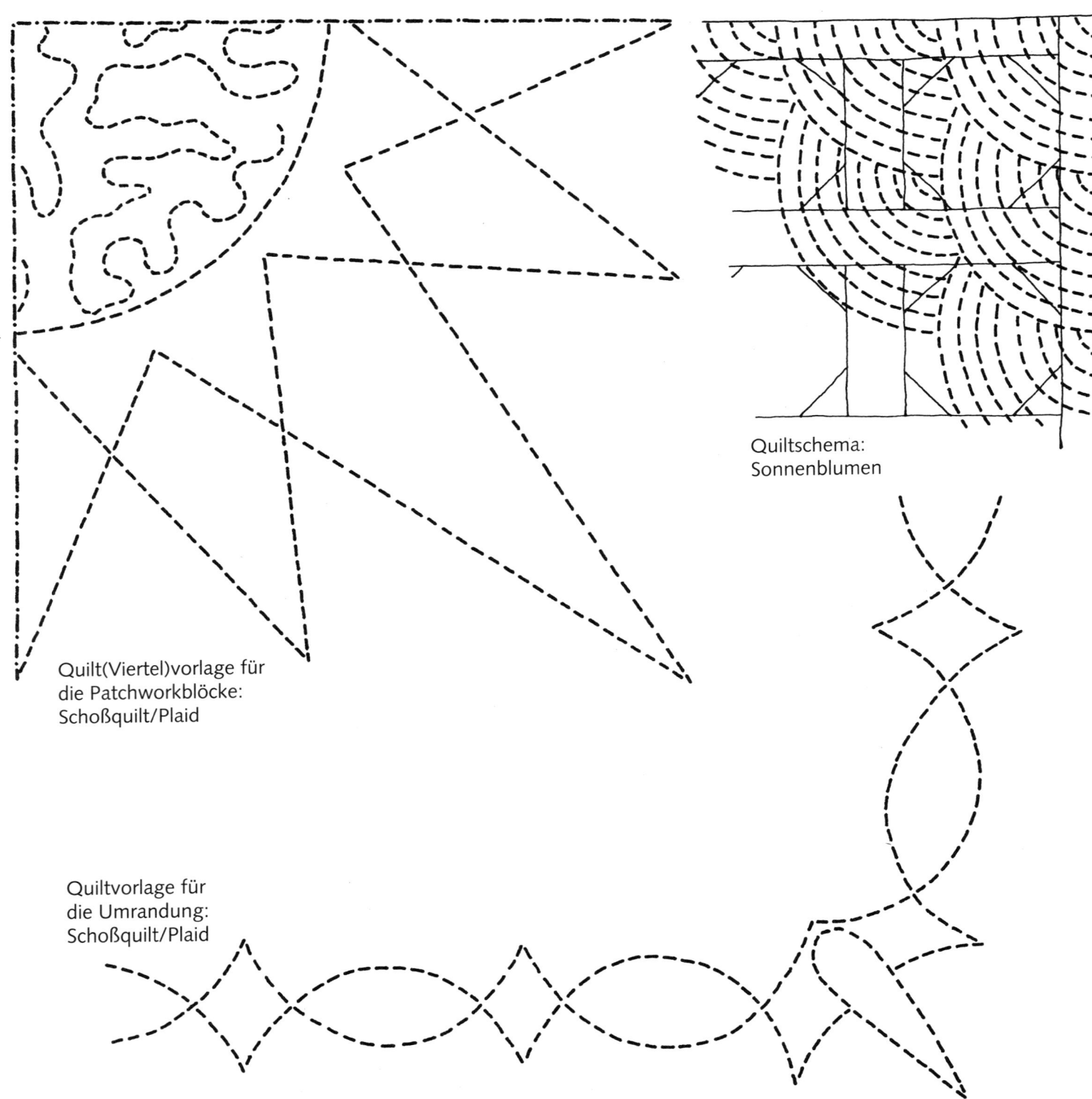

Quiltschema:
Sonnenblumen

Quilt(Viertel)vorlage für
die Patchworkblöcke:
Schoßquilt/Plaid

Quiltvorlage für
die Umrandung:
Schoßquilt/Plaid

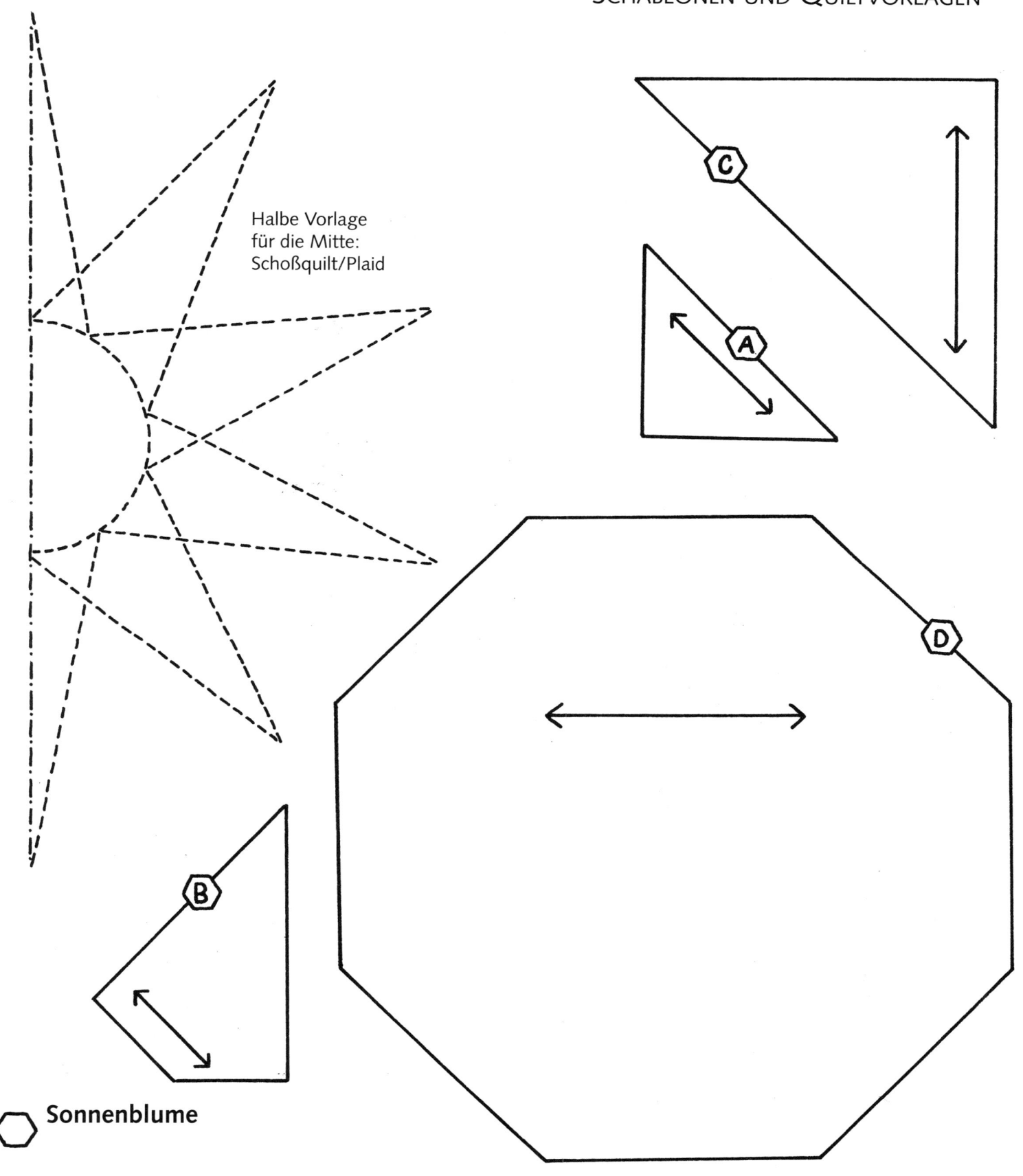

Halbe Vorlage
für die Mitte:
Schoßquilt/Plaid

C

A

D

B

Sonnenblume

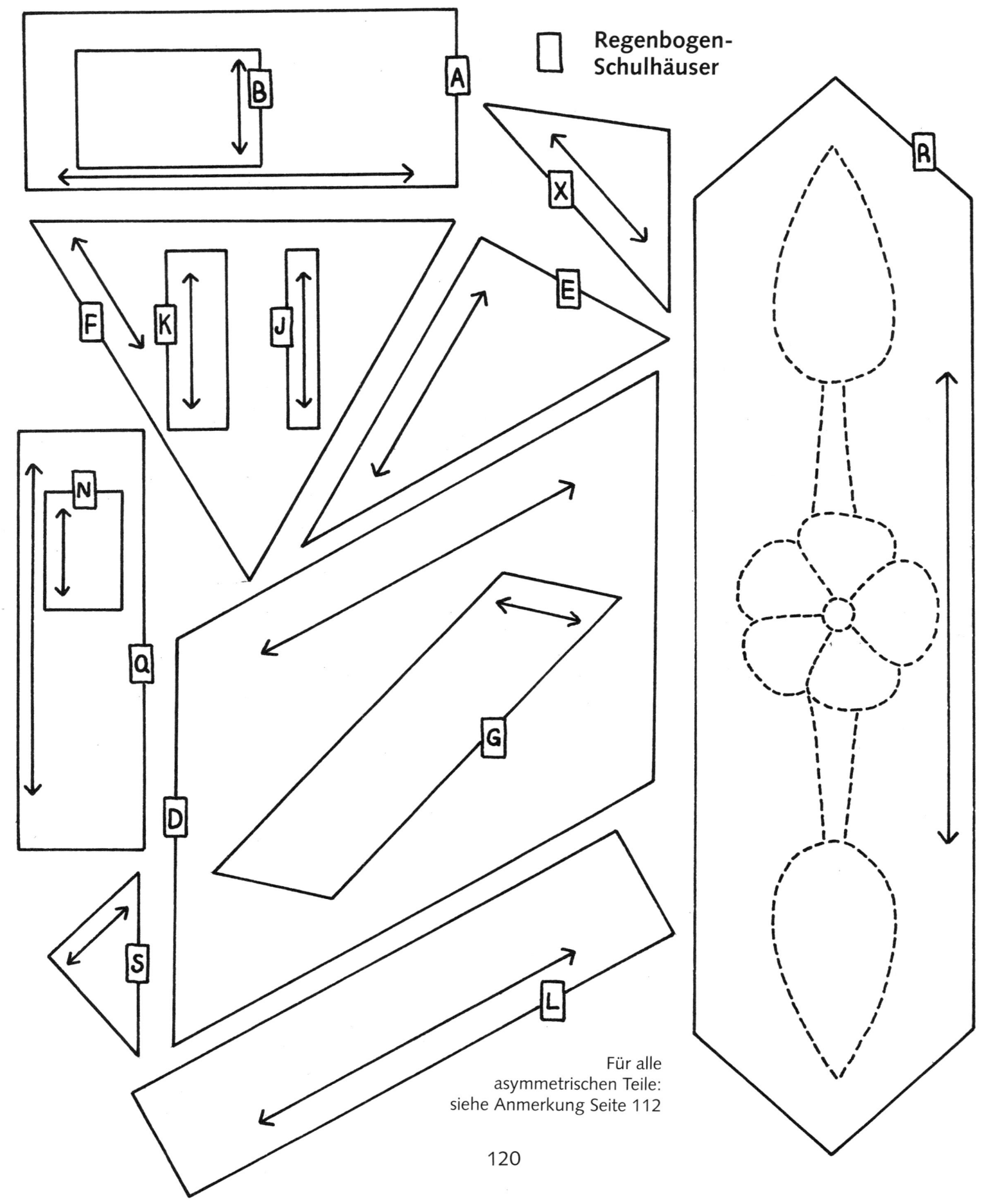

Regenbogen-Schulhäuser

Für alle
asymmetrischen Teile:
siehe Anmerkung Seite 112

120

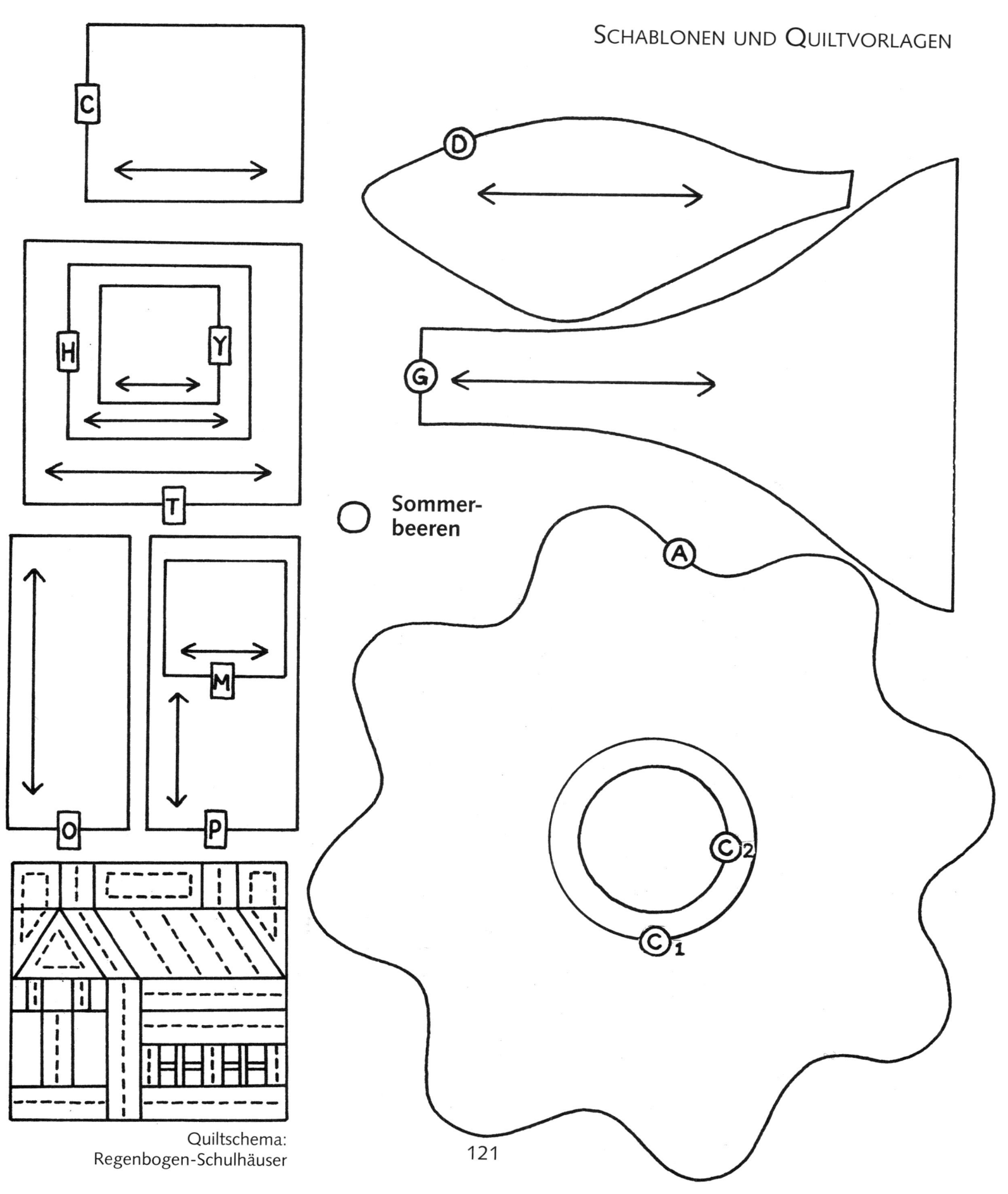

C

D

H   Y

G

T

Sommer-
beeren

A

O   P

M

C 2

C 1

Quiltschema:
Regenbogen-Schulhäuser

121

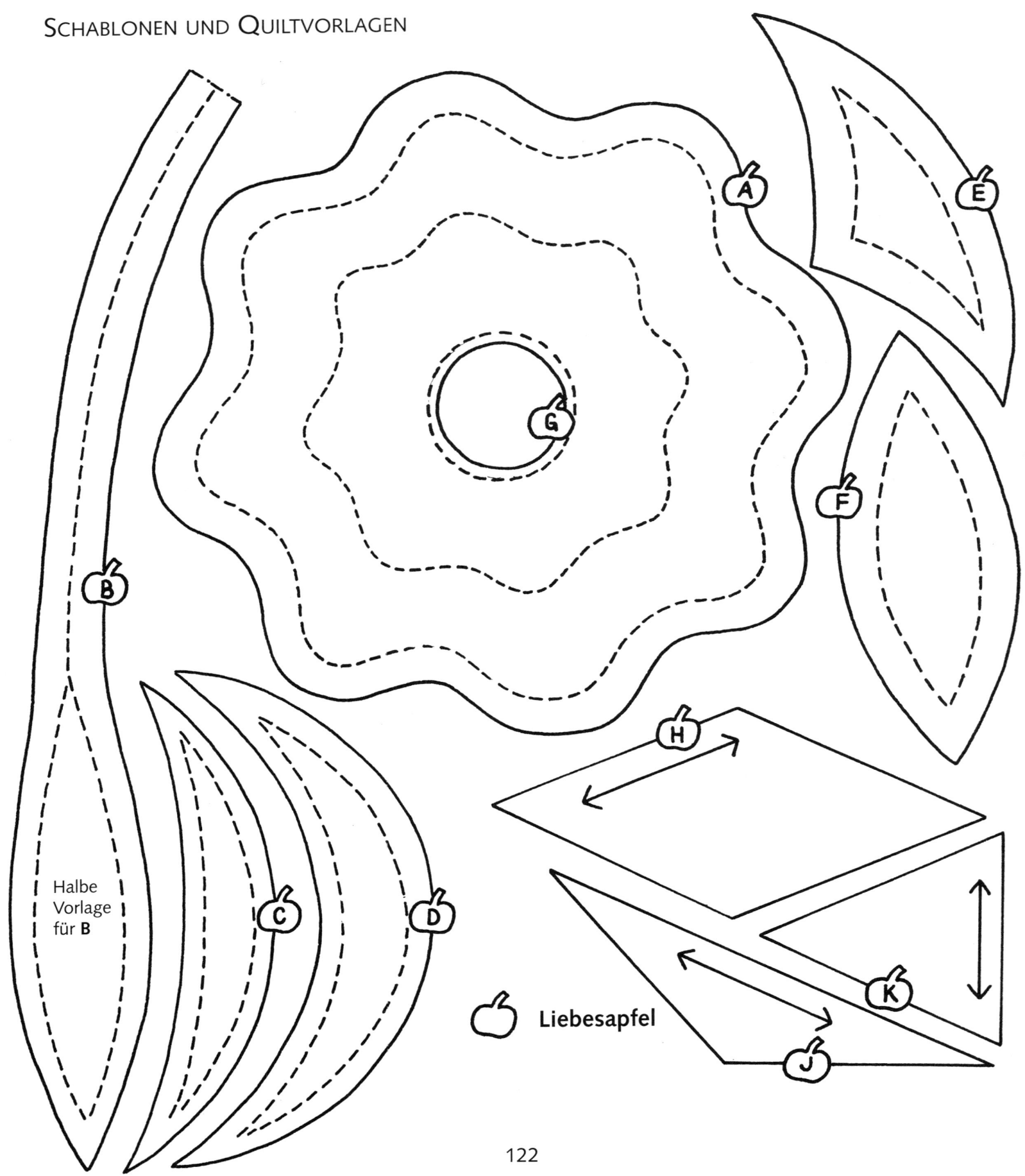

Halbe
Vorlage
für **B**

Liebesapfel

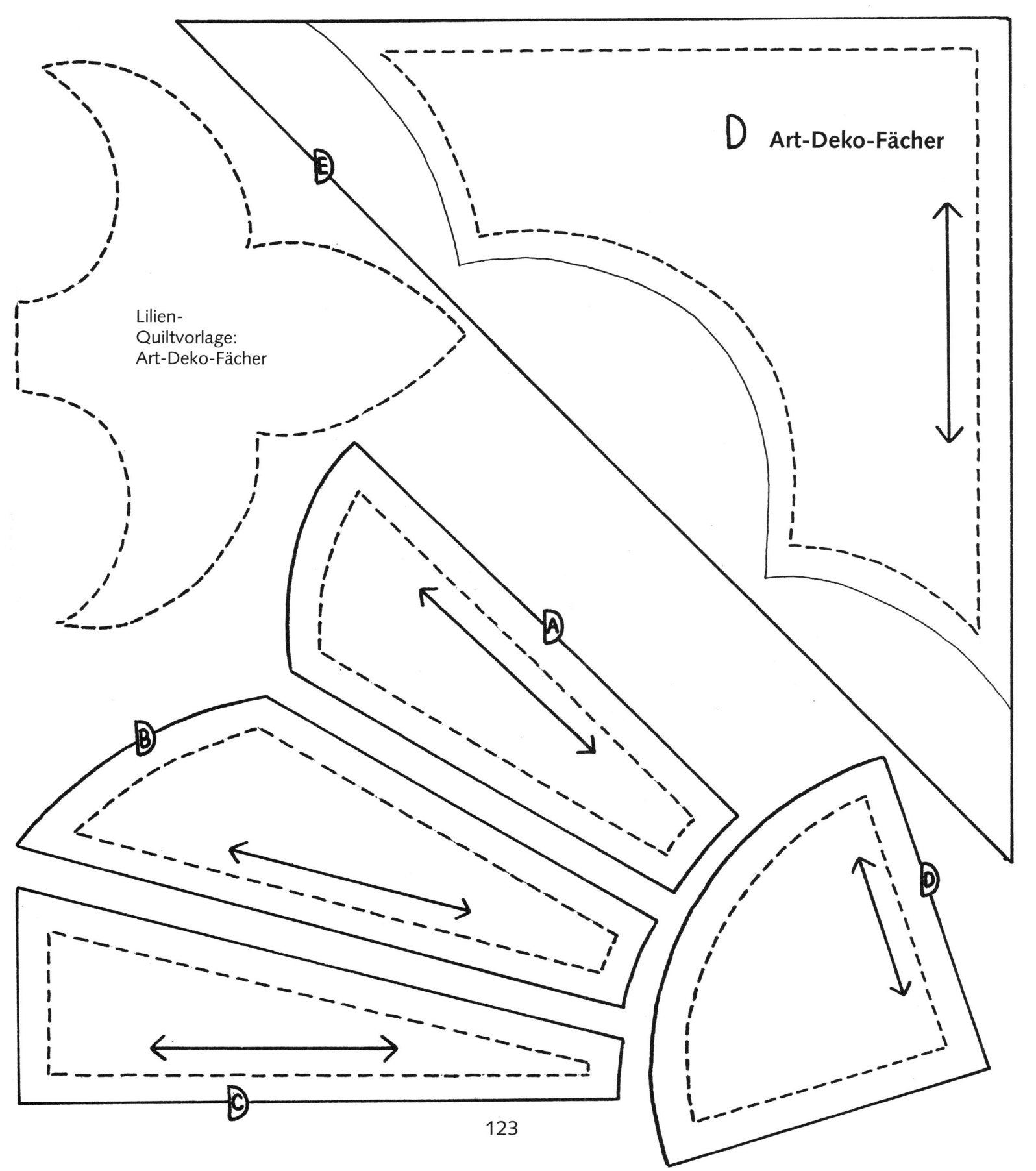

D Art-Deko-Fächer

Lilien-
Quiltvorlage:
Art-Deko-Fächer

123

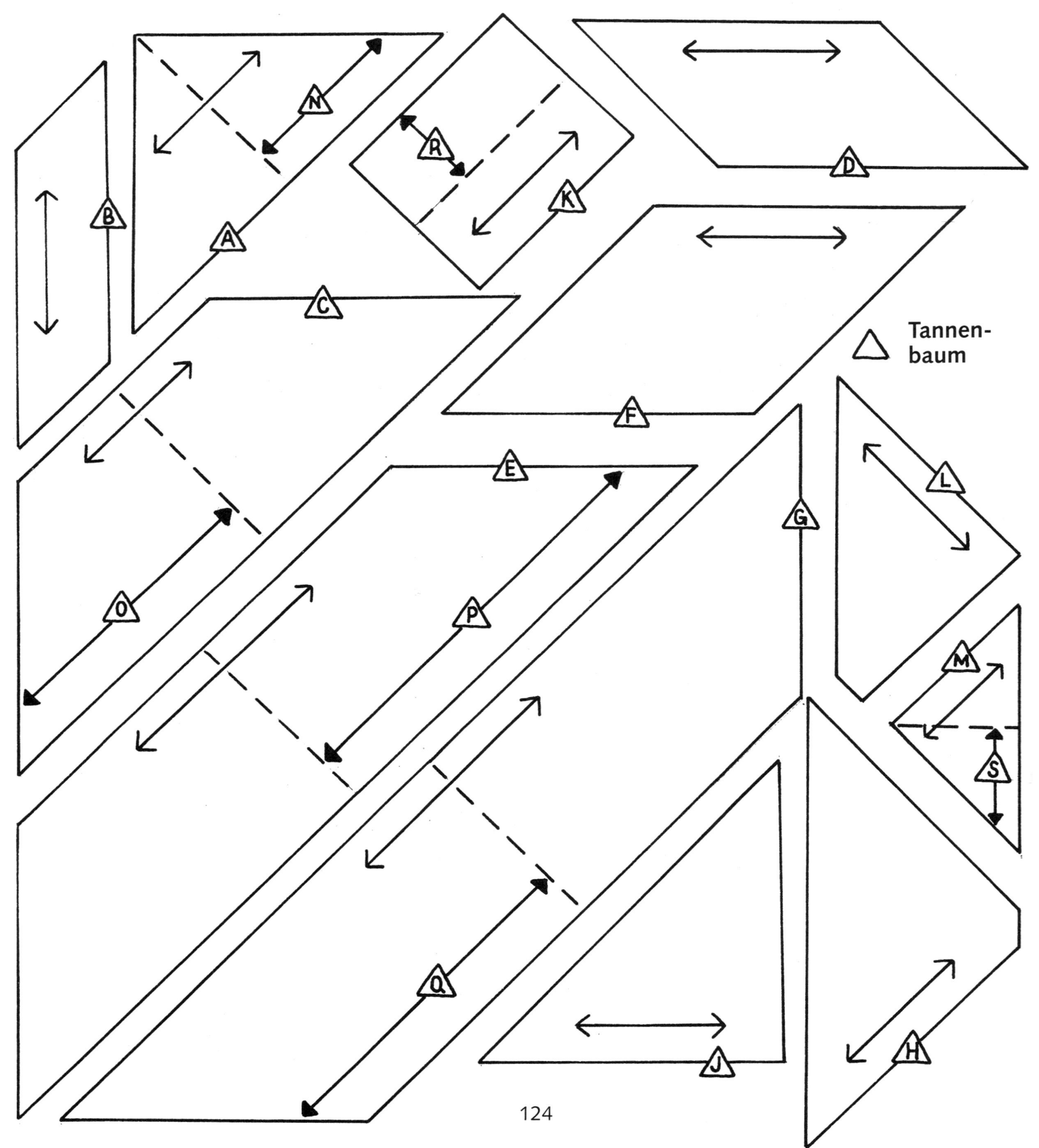

Tannen-
baum

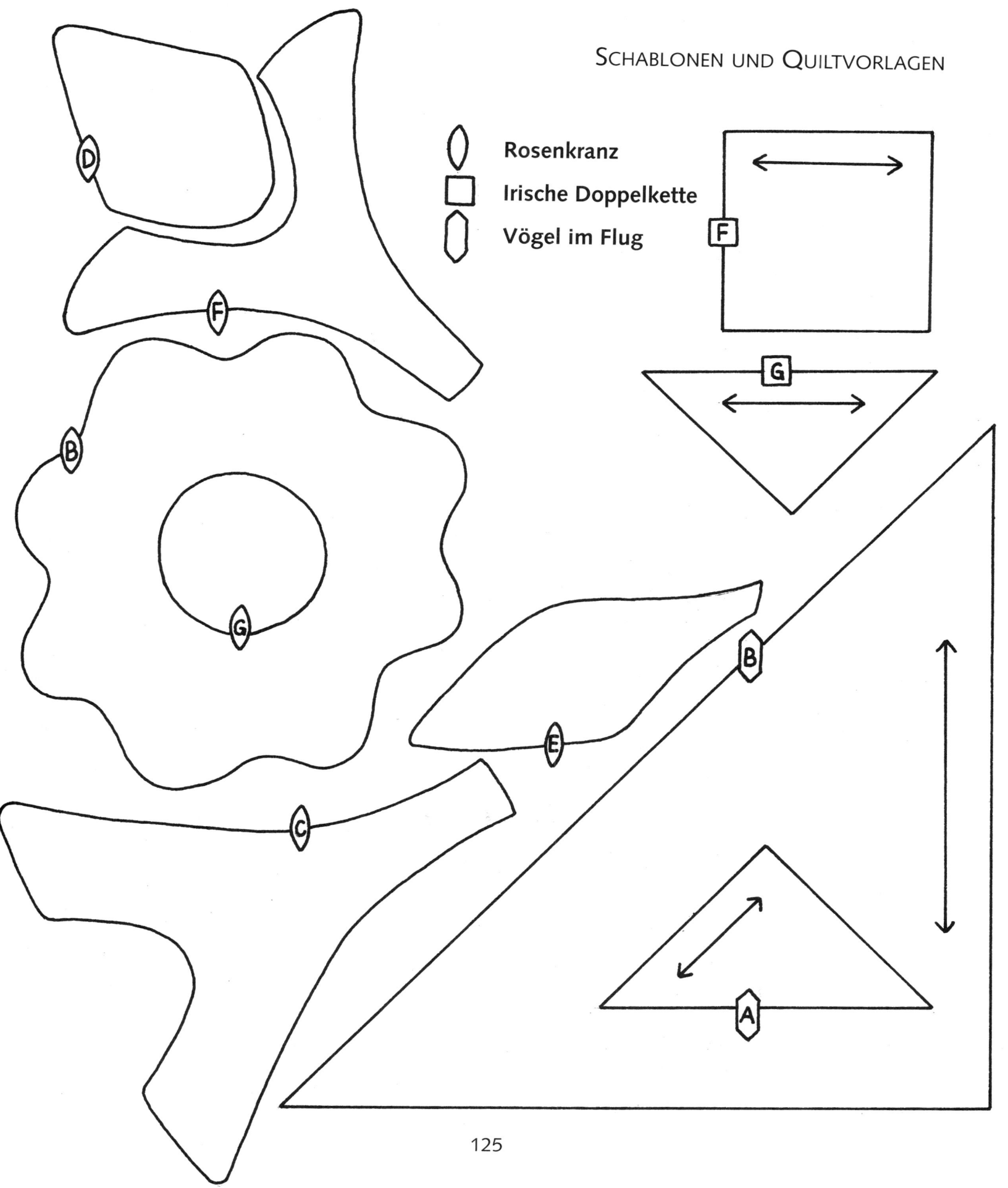

Rosenkranz

Irische Doppelkette

Vögel im Flug

Weiterführende Literatur

Textilien: Geschichte, Pflege und Aufbewahrung

Brackman, Barbara: Clues in the Calico [Schlüssel im Kattun]. EPM Publications, Inc., McLean, Virginia 1989

The Conservation Unit, Museums & Galleries Commission: Conservation Sourcebook [Nachschlagewerk über den Erhalt von Kunstgegenständen]. Ausgabe 1991, HMSO, London, 1991

Finch, Karen, und *Greta Putnam:* Caring for Textiles [Textilpflege]. Watson-Guptill Publications, New York, 1977

Korwin, Laurence: Textiles as Art: Selecting, Framing, Mounting, Lighting and Maintaining Textile Art [Textilien als Kunst: Auswahl, Rahmung, Ausstellung, Beleuchtung und Bewahrung von Textilkunst]. Selbstveröffentlichung, Chicago, Illinois, 1990

Montgomery, Florence M.: Textiles in America, 1650–1870 [Textilien in Amerika, 1650–1870]. WW Norton & Company, New York, 1984

O'Bryant Puentes, Nancy: First Aid for Family Quilts [Erste Hilfe für Familienquilts]. Moon Over the Mountain Publishing Company, Wheatridge, Colorado, 1986

Pettit, Florence H.: America's Printed and Painted Fabrics 1600–1900 [Amerikas bedruckte und bemalte Stoffe 1600–1900]. Hastings House, New York, 1970

Schoeser, Mary, und *Celia Rufey:* English and American Textiles from 1790 to the Present [Englische und amerikanische Textilien von 1790 bis zur Gegenwart]. Thames and Hudson, New York, 1989

Wilson, Max: A History of Textiles [Eine Geschichte der Textilien]. Westview Press, Boulder, Colorado, 1979

Quilts: Nachschlagewerke

Barker, Vicki, und *Tessa Bird:* The Fine Art of Quilting [Die schöne Kunst des Quiltens]. Studio Vista, London, 1990

Betterton, Sheila: Quilts and Coverlets [Quilts und kleine Decken]. The American Museum in Britain, Bath, 1978

Binney, Edwin 3., und *Gail Binney-Winslow:* Homage to Amanda: Two Hundred Years of American Quilts [Huldigung an Amanda: Zweihundert Jahre amerikanische Quilts]. R. K. Press, San Francisco, 1984

Chainy, Barbara: Die Kunst des Quiltens. Geschichte, Techniken, Muster, Anleitungen. Paul Haupt AG, Bern, 1995

Colby, Averil: Patchwork [Patchwork]. B. T. Batsford, London, 1958

Colby, Averil: Quilting [Quilten]. Charles Scribner's Sons, New York, 1971

Ferrero, Pat, Elaine Hedges und *Julie Silber:* Hearts and Hands: The Influence of Women & Quilts on American Society [Herzen und Hände: Der Einfluß von Frauen & Quilts auf die amerikanische Gesellschaft]. The Quilt Digest Press, San Francisco, 1987

Finley, Ruth: Old Patchwork Quilts and the Women Who Made Them [Alte Patchworkquilts und die Frauen, die sie herstellten]. JB Lippincott Company, Philadelphia, 1929

Fitzrandolph, Mavis: Traditional Quilting [Traditionelles Quilten]. B.T. Batsford Ltd., London, 1954

Hall, Carrie A. und *Rose G. Kretsinger:* The Romance of the Patchwork Quilt [Die Romantik eines Patchworkquilts]. Dover Publications, Inc., New York, 1936, 1988

Hinson, Dolores A.: Quilting Manual [Handbuch des Quiltens]. Dover Publications, Inc., New York, 1966, 1970

Holstein, Jonathan: The Pieced Quilt [Der zusammengesetzte Quilt], New York Graphic Society Press, Greenwich, 1974

Houck, Carter: The Quilt Encyclopedia Illustrated [Die bebilderte Quilt-Ezyklopädie]. Harry N. Abrams, Inc., New York, 1991

Ickis, Marguerite: The Standard Book of Quiltmaking & Collecting [Das Standardbuch für die Herstellung und Sammlung von Quilts]. Dover Publications, New York, 1949

Innes, Miranda: Patchwork, Quilts und Applikationen aus aller Welt. Rosenheimer Verlagshaus, Rosenheim, 1993

Jenkins, Susan, und *Linda Seward:* Quilts: The American Story [Quilts – die amerikanische Geschichte]. Harper Collins, London, 1991

Kahmann, Irene: Patchwork und Quilten. Techniken und traditionelle Muster. Th. Schäfer Verlag, Hannover, 1994

Landmann, Annlee: Quilten lernen. Rosenheimer Verlagshaus, Rosenheim, 1995

Lipsett, Linda Otto: Remember Me: Women & Their Friendship Quilts [Vergiß mich nicht: Frauen & ihre Freundschaftsquilts]. The Quilt Digest Press, San Francisco, 1985

Martin, Nancy J.: Pieces of the Past [Stücke aus der Vergangenheit]. That Patchwork Place, Inc., Bothell, Washington, 1986

Orlofsky, Patsy und *Myron:* Quilts in America [Quilts in Amerika]. Abbeville Press Publishers, New York, 1974, 1992

Safford, Carleton L., und *Robert Bishop:* America's Quilts and Coverlets [Amerikas Quilts und kleine Decken]. E.P. Dutton & Company, Inc., New York, 1980

Seward, Linda: Quilts im ländlichen Stil. Verlag Busse + Seewald, Herford, 1995

Waldvogel, Merikay: Soft Covers for Hard Times [Weiche Decken für harte Zeiten]. Rutledge Hill Press, Nashville, Tennessee, 1990

Webster, Marie D.: Quilts: Their Story and How to Make Them [Quilts: Ihre Geschichte und Herstellung]. Tudor Publishing Co., N.Y., 1915

Techniken

Hopkins, Judy, und *Nancy J. Martin:* Rotary Riot [Alles über Rollschneiden]. That Patchwork Place, Bothell, Washington, 1991

Horton, Roberta: Calico and Beyond [Kattun und mehr]. C & T Publishing, Lafayette, Kalifornien, 1986

Hughes, Trudie: Template-Free Quiltmaking [Quiltherstellung ohne Schablonen]. That Patchwork Place, Bothell, Washington, 1986

James, Michael: The Quiltmaker's Handbook [Handbuch der Quilterin]. Prentice-Hall, Inc., New Jersey, 1978

Leone, Diana: Das große Buch vom Quilten. Rosenheimer Verlagshaus, Rosenheim, 1994

Lintott, Pam, und *Rosemary Miller:* The Quilt Room [Das Quiltzimmer]. Charles Letts & Co., Ltd., London, 1992

Macho, Linda: Quilting Patterns [Quiltvorlagen]. Dover Publications, Inc., New York, 1984

McCloskey, Marsha: Lessons in Machine Piecing [Zusammensetzen mit der Maschine]. That Patchwork Place, Bothell, Washington, 1990

NN: Patchwork und Quilten mit der Nähmaschine. Ravensburger Verlag, Ravensburg, 1994

Penders, Mary Coyne: Color and Cloth [Farbe und Stoff]. The Quilt Digest Press, San Francisco, 1989

Seward, Linda: Das große Buch von Patchwork, Quilt und Applikation. Alle Techniken Schritt für Schritt. Th. Schäfer Verlag, Hannover, 1994

Seward Linda: Small Quilting Projects [Kleine Quilt-Arbeiten]. Sterling Publishing Company, Ltd., New York, 1987

Register

Danksagung

Viele gute Freunde und Kollegen waren mir bei der Vorbereitung dieses Buches behilflich. Für ihre Unterstützung möchte ich mich ganz herzlich bedanken.

Auf professioneller Ebene möchte ich meinen Freunden und Verlegern, Susan und Gareth Jenkins, für ihren Einfallsreichtum und ihre Begeisterung danken. Mit Penny Brown war es eine Freude zu arbeiten; ihre Zeichnungen und Gemälde sind exzellent und haben den Anleitungen in diesem Buch Leben eingehaucht. Colin Mills hat die Schönheit der verschiedenen Quilts und kleineren Arbeiten mit seiner Kamera meisterhaft eingefangen. Es war mir eine Freude, wieder mit Carole Thomas zusammenzuarbeiten; sie hat sich ihren Humor, ihre Geduld und ihr hohes Maß an Professionalität, das mir von früher im Gedächtnis geblieben war, in vollem Umfang bewahrt. Ich möchte auch der Assistentin im Bereich Design, Gabrielle Markus, für ihre harte Arbeit – vor allem an sonnigen Sommerwochenenden – danken. Mein herzlicher Dank gilt auch Judy Hammersla, die das Manuskript aus der Perspektive der Quilterin gelesen und notwendige Korrekturen vorgenommen hat. Die Firma Fabric Traditions, 1350 Broadway #2106, New York, NY 10018, USA, stellte viele der Stoffe, die für die kleineren Arbeiten in diesem Buch verwendet wurden, zur Verfügung. Die alten Stoffe auf Seite 9 sind eine Leihgabe von Betsey Telford von Rocky Mountains Quilts, 3847 Alt 6 & 24, Palisade, CO 81526, USA. Mein besonderer Dank geht auch an Ray Daffurn, der sich immer Zeit für neue Fotos nahm.

Ich weiß nicht, ob ich den folgenden Menschen auf professioneller oder persönlicher Ebene danken sollte. Nur Freunde sind bereit, so kurzfristig dazusein, doch nur Profis können so qualifizierte Hilfe bieten. Monica Millner stellte den Wandbehang mit Eichenblatt und Spule, den gerahmten Block mit Sommerbeeren sowie die Mitteldecke mit Rosenkranz her. Sie ist auch für die Applikation auf dem Rüschenkissen mit Frühlingsstrauß verantwortlich. Judy Hammersla fertigte Platzdecke und Serviette mit Art-Deko-Fächer, den Babyquilt mit Liebesapfel und das Plaid mit Sonnenblumen an. Jean Edwards stellte den Tischläufer mit Tannenbaum und den Nikolausstiefel mit Irischer Doppelkette her. Lisa Benjamin arbeitete die Einkaufstasche mit Schulhaus, Ann Ryan den Topflappen mit Kaktuskorb.

Ganz persönlich möchte ich meiner Au-pair-Hilfe Isa Andersson danken; ihre Hilfe war so umfangreich, daß ich nicht im einzelnen darauf eingehen kann. Ohne sie hätte ich dieses Buch niemals schreiben können. Annlee Landman verdanke ich Ideen und Aufmunterung – ihre Hilfe war wie immer unschätzbar. Meine Töchter, Alysson und Emily, zeigten sehr viel Verständnis für ihre Mutter, die anscheinend nicht mehr mit ihnen spielen wollte und die immer dann vor dem Computer saß, wenn sie ihn hätten benutzen wollen. Abschließend danke ich meinem Ehemann Robert für seinen Rat, sein Verständnis, seine Unterstützung sowie für seinen subtilen Humor, der mir Ansporn und Hilfe ist.